ro
ro
ro

ro
ro
ro

Die alte chinesische Philosophie des Taoismus ist eine überaus praktische Lehre, die dem Menschen helfen will, das Leben zu bewältigen und einen Zustand der inneren Zufriedenheit zu finden. Die Lebensphilosophie des Taoismus ist für den westlichen Leser besonders geeignet, da sie sich aus der Beobachtung der Wirklichkeit und der Natur herleitet, also überprüfbar ist, keine Glaubensakte verlangt (Gott kommt in der taoistischen Philosophie nicht vor), die Individualität des einzelnen Menschen berücksichtigt und seine Eigenverantwortung stärkt. Walter Braun gelingt es, die erstaunliche Modernität und Praktikabilität des Taoismus nahezubringen und einsichtig zu machen.

Walter Braun, geb. 1957 in Linz, studierte Philosophie, Psychologie und Vergleichende Literaturwissenschaft. Er arbeitet als Publizist und lebt in England.

Walter Braun

Auf der Suche nach dem perfekten Tag

Das Tao der Zufriedenheit

Rowohlt Taschenbuch Verlag

Originalausgabe
Veröffentlicht im Rowohlt Taschenbuch Verlag,
Reinbek bei Hamburg, Januar 2008

Umschlaggestaltung ZERO Werbeagentur, München
(Fotonachweis: Keren Su / Getty Images)
Satz Dante PostScript (InDesign) bei
Pinkuin Satz und Datentechnik, Berlin
Druck und Bindung Clausen & Bosse, Leck
Printed in Germany
ISBN 978 3 499 62351 6

Dem Andenken
meines Lehrers
Lee Je Dong
gewidmet

Inhalt

Vorwort

Im Zeitalter der Verwirrung

Wer seine Mitte nicht verliert, der dauert.

LAO TSE, Kapitel 33

Gleich eine Warnung vorweg: Das Buch wird manche Leser aufschrecken, wenn nicht gar verstören. Besonders jene, die es sich behaglich in einer selbstgebastelten esoterischen Weltanschauung eingerichtet haben. Wer nur das geringste philosophische Gespür hat, wird bereit sein, sich zu fragen: Halten meine Ideen einer ernsten Überprüfung stand? Funktionieren meine Anschauungen in der Wirklichkeit? Genau diese Frage stellten die alten chinesischen Weisen Lao Tse und Tschuang Tse hartnäckig, aus der Erkenntnis heraus, dass eine Lebensphilosophie nicht schön klingen, sondern einem Realitätsschock standhalten muss.

Sicher bietet Wunschdenken mehr Behaglichkeit als die zugige Unterkunft der Praktischen Philosophie, wo der kalte Wind der Selbstprüfung pfeift. Aber genau darin lag das Genie der Weisen des Altertums, in der Erkenntnis, dass anhaltendes Lebensglück nur möglich ist in einem authentisch gelebten Dasein, mag es noch so hart sein, während die kuschelige Wärme der Illusion früher oder später verfliegt und nichts als Bitterkeit zurücklässt. In Indien, China und

Griechenland entwickelten sich ziemlich unabhängig voneinander vor rund zweieinhalbtausend Jahren ausgeprägte Lebensphilosophien, die von organisierten Religionen nach und nach verdrängt wurden.

Manch ein Leser wird sich vielleicht fragen: Wozu überhaupt eine alte, noch dazu aus einem fremden Kulturkreis stammende Weltanschauung wie den Taoismus wiederbeleben? Ich kann darauf nur antworten: Weil Taoismus die beste Handlungsanleitung für ein zufriedenes Leben ist, die ich in einer mehr als 30 Jahre währenden Suche gefunden habe. Die uralte chinesische Sensibilität gegenüber Leben und Natur hat sich bestens bewährt, was von keinem unserer gesellschaftlichen Experimente so ohne weiteres gesagt werden kann. Wir sind durchaus erfolgreich im Manipulieren der materiellen Umwelt; hinsichtlich unserer spirituellen Sehnsüchte sind wir aber nicht besser dran als ein Mensch des Altertums.

Unsere Zeit überhitzt sich unübersehbar. Die nervliche Strapazierung während der Arbeit und in der Freizeit nimmt ständig zu, ebenso die Unruhe – viele Menschen stöpseln sich in jeder freien Minute in Klang- oder Bildmaschinen ein. Und versuchen, möglichst viele Dinge gleichzeitig zu erledigen, ohne irgendetwas davon wirklich richtig zu tun. Wenn eine Gesellschaft falsche Werte propagiert und Ängste schürt, verursacht sie bei den Menschen tiefe Verwirrung. Ein rastloser Geist strebt ständig nach *mehr* – aber es gibt nichts außerhalb der Tatsache unserer Existenz. Die starke Zunahme von Depressionen, Alkoholismus und Drogenmissbrauch ist ein Symptom der verbreiteten Ratlosigkeit und des absehbaren Erschöpfungszusammenbruchs.

Tschuang Tse warnte schon vor über zweitausend Jahren:

> *Wenn der Geist ständig überreizt wird, wird er sorgenvoll;*
> *und Sorgen verursachen Erschöpfung.*

Ich kenne kein besseres Gegenmittel wider den überdrehten Zeitgeist als den Taoismus. Im Kern ist er eine Natur- und Lebensphilosophie und als solche nicht zeit- und kulturgebunden, kann also auch im 21. Jahrhundert von einem Menschen des Westens verstanden und gelebt werden. Der Alte Meister (Lao = alt, Tse = Meister) wies im 14. Kapitel des *Tao Te King* darauf hin:

> *Wer sich am Tao der Vorzeit festhält,*
> *Um die Dinge von heute zu besorgen,*
> *Ist fähig, diesen Uranfang zu erkennen,*
> *Der die Beständigkeit des Tao ist.*

(Die letzte Zeile übersetzten moderne Interpreten anschaulicher mit: «Das ist der Beginn [alternativ: die Essenz] der Weisheit.»)

Der Ur-Taoismus kennt kein Dogma, weder «gottgegebene» Gebote noch moralphilosophische Lebensanweisungen. Ergo kann jeder, der dem Tao folgt, nach seiner eigenen Fasson glücklich werden. Glaube ist nicht gefordert, nur der ehrliche Wille, die «Zufriedenheitsrezepte» eines Lao Tse und Tschuang Tse selbst auszuprobieren. Tempel, Rituale und die Suche nach Unsterblichkeit sind Praktiken des späteren religiösen Taoismus, von denen bei Lao Tse und Tschuang Tse keine Rede ist.

Die in den folgenden Kapiteln dargelegten Prinzipien entstammen der Einsicht von Menschen, die von vielen Suchern nach innerem Frieden als «Weise» verehrt wurden – etwas, das in unserer relativistischen, auf künstliche Gleichheit versessenen Welt nicht gut ankommt. Wer gewohnt ist, zum Thema «Tao» sanftes Säuseln vorgesetzt zu bekommen, wird sich über die zuweilen beinharte Kritik vielleicht wundern; das ist leider unvermeidlich. Wir können nicht mehr wie Kühe im Paradies grasen, sondern müssen uns mit den Aspekten unserer konkreten Umwelt auseinandersetzen – davon befreit einen auch eine «superspirituelle» Einstellung nicht. Dasitzen und sanft lächeln, als befände man sich im Haschisch-Dauerrausch, mag bei Himalaja-Asketen angemessen sein, entspricht aber nicht dem Weg der Taoisten. Die altchinesischen Philosophen waren bodenständiger und pragmatisch – sehr an einem zufriedenen Leben interessiert und nicht an Trancezuständen.

So besteht denn auch ein Anliegen dieses Buches darin, ein paar notwendige Korrekturen anzubringen und zu zeigen, was Taoismus *nicht* ist. In dem zeitgenössischen Amalgam namens «New Age» werden alle spirituellen Traditionen zu einem großen Brei verkocht, in dem Buddha und Lao Tse fast nicht zu unterscheiden sind – in Wirklichkeit trennen Taoismus und Buddhismus Klüfte, wie noch näher erläutert wird. Lao Tse auf ein paar dunkle und in der Lebenspraxis folgenlose Orakelsprüche zu reduzieren ist auch nicht angebracht, da im *Tao Te King* durchaus konkrete Richtlinien enthalten sind. Darüber hinaus möchte ich zeigen, wie grundlegende taoistische Anschauungen in unserer modernen Welt gelebt werden können (mit dem Versprechen, auch unbequemen Fragen nicht auszuweichen).

In gewisser Weise sind Taoisten die ultimativen Realisten, indem sie bereit sind, für ihr Leben Verantwortung zu übernehmen und für ihr Glück zu kämpfen, ohne dabei die Welt ummodeln zu wollen. Sie teilen nicht den Glauben der progressiven Humanisten, dass es so etwas wie ein kollektives «Recht auf Glück» gäbe – das Leben ist viel zu kurz, um es in einem Kampf gegen Windmühlen zu vertun. Wer tiefe Seelenruhe sucht, muss sich entweder von der Welt fernhalten oder der Wirklichkeit gut gewappnet gegenübertreten. Die beste Waffe der Taoisten ist ihre innere Haltung, ihre Bereitschaft, den Schwierigkeiten des menschlichen Daseins gelassen ins Auge zu blicken. Diesen WEG kann man nur allein und nicht in einer Gruppe gehen. Gelegentlich müssen sich Taoisten auch in der eigenen Familie bedeckt halten. Falls Sie dieser letzte Punkt überrascht: Nicht selten empfinden es Menschen als indirekte Kritik, wenn man ihren Anschauungen nicht durch Nachahmung zustimmt. Da eine Konfrontation nichts brächte, nicken Menschen des Tao in solch einer Situation einfach, um Streitgespräche zu vermeiden. Nicht aus einem überspitzten Harmoniebedürfnis heraus, sondern um ein Gegenüber nicht unnötig zu plagen, wenn eine Einsicht nicht zu erwarten ist. Taoisten predigen nicht und bekennen sich zu keiner Gruppe. Deshalb ist für sie Schweigen besser, als sich Angriffen auszusetzen. Insofern ist das vorliegende Buch eine Ausnahme.

Einleitung

Wie wird man Taoist?

Die, welche das Leben verstehen, befassen sich nicht mit Dingen, die dem Leben nicht förderlich sind.

TSCHUANG TSE

Das *Tao Te King* von Lao Tse gilt nach der Bibel als das am häufigsten übersetzte Buch der Welt. Dem Interesse nach zu urteilen, müsste es also vor Taoisten nur so wimmeln. Man trifft aber nur ganz, ganz selten welche. Woran mag das liegen?

Man kann keinem Verein beitreten, um «Taoist» zu werden, und die so beliebten Wochenendausbildungen (nach dem Muster: Reki-Meister in zwei Tagen) existieren auch nicht.

Grundlegende Einblicke in taoistisch inspiriertes Denken bekam ich von meinem Kung-Fu-Lehrer koreanischer Abstammung, der seinerseits bei einem exilierten Chinesen, der auf eine lange Tradition zurückblicken konnte, in die Lehre gegangen war.

Drei Jahre lang sah ich ihn nahezu täglich, sprach mit ihm über die Welt, beobachtete sein Verhalten und lauschte seinen Erklärungen – selten ohne inneren Widerspruch. Sabomnim war ein ungewöhnlicher Mann, klein gewachsen, aber von furchterregender Stärke. Ein Hauch von Tragik umwehte ihn. Taoistische Meister hatten nie viele Schüler, und solange Sabomnims Weisheit noch in den Herzen einiger Studenten keimt, reißt der Faden nicht ab.

Erst viele Jahre später, als *Sabomnim* (wie wir ihn üblicherweise auf Koreanisch ansprachen, heißt in etwa «Herr Meister») nicht mehr lebte, kam mir zu Bewusstsein, wie viel ich von ihm unbewusst aufgeschnappt hatte – seltsamerweise erst, nachdem ich das Buch *The Truth of Tao* gelesen hatte. Dies ist eines der seltenen Werke, das nicht von einem Sprachforscher, Religionswissenschaftler oder Historiker stammt, sondern von einem echten taoistischen Meister, nämlich Alex Anatole, einem in die USA ausgewanderten Russen, der allerdings dem magisch-religiösen Flügel des Taoismus anhängt, der nicht Gegenstand des vorliegenden Textes ist.

Der Taoismus strebt weder ein materialistisches Paradies für alle noch künstliche Gleichheit oder eine spirituell entkörperte Existenz an. Ziel des Taoismus ist der WAHRE MENSCH. Dafür gibt es nur eine einzige Leitlinie – die Natürlichkeit. Diese Forderung mag in unserer völlig künstlich gewordenen Großstadtwelt abwegig erscheinen, aber schon vor zweitausendfünfhundert Jahren fühlten sich die Traditionalisten und Sozialphilosophen davon provoziert.

Da sie das Chaos des Lebens nicht ertragen können, versuchen Idealisten, die Welt nach ihren Vorstellungen zwangsweise zu ändern – was Menschen, die dem Tao folgen, nicht ausstehen können. Taoisten sehen sehr wohl auch den Schmerz und das Leiden als Folge menschlicher Verwirrung, akzeptieren dies aber als Teil der Realität. Statt sich mittels Meditation aus einem als ungenügend empfundenen Leben davonzustehlen, bietet Lao Tse ganz konkrete Hinweise, wie man trotz Unvollkommenheit ein zufriedenes Leben führen kann. Dass diese «Navigationsprinzipien» nicht allgemein geteilt werden, hat zum einen damit zu tun, dass wir unserer wahren Natur schon reichlich entfremdet sind, zum anderen, dass es dominante Menschen gibt, die andere für ihre Zwecke einspannen. Taoisten sind weder Einspanner noch Eingespannte. Das sehen die herrschenden Schichten nicht gern, weshalb Schüler des Tao keine Wahl haben und ihre Haltung *nicht zeigen*. Deswegen trifft man so selten welche.

Der Taoismus akzeptiert das *ungeschönte* Wesen des Menschen, ohne ihn zu idealisieren oder auf eine Zufallsexistenz zu reduzieren. Hier gibt es einige Parallelen zum Existenzialismus, dem allerdings die spirituelle Dimension fehlt. Der Unterschied macht sich in der Praxis bemerkbar: Existenzialisten strudeln ein Leben lang in großer Ernsthaftigkeit, während Taoisten einen tiefen und haltbaren Seelenfrieden erreichen.

Natürlich ist, wonach einem Lebewesen *instinktiv* verlangt. Dass ein Wolf ein Schaf reißt, ist nicht grausam, sondern natürlich. Daher gibt es für uns als Beobachter der Natur keinen Grund, die Sichtweise des Schafs (das am liebsten alle Wölfe zu Vegetariern umerziehen möchte) einzunehmen.

Angesichts unseres kulturellen Überbaus – und auch der Taoismus ist eine kulturelle Leistung – trauen wir uns heute kaum noch, im Falle eines Menschen von seinem «ursprünglichen Wesen» zu reden – aber jeder Mensch kommt mit einem angeborenen Charakter sowie vorgegebenen animalischen Bedürfnissen auf die Welt. Aus taoistischer Sicht ist schlicht keine Erklärung notwendig, warum die Natur (inklusive der menschlichen) so ist, wie sie ist.

Deswegen akzeptieren sie keine Ideologien, Traditionen oder Autoritäten. Diese Geisteshaltung kennzeichnet auch das wahre Zen, das nicht durch einen religiösen Überbau verunstaltet wurde:

> Zen ersetzt alle Glaubensvorstellungen durch eine einzige Sache: die Wirklichkeit selbst. Wir glauben nur an dieses Universum. Wir glauben an kein Leben nach dem Tod. Wir glauben nicht an die Unabhängigkeit von Nationen. Wir glauben nicht an Geld oder Macht oder Ruhm. Wir glauben nicht an unsere Vorbilder. Wir glauben nicht an unseren Status oder Besitz. Wir glauben nicht, dass wir oder unsere Ehre oder die Ehre unserer Familie beleidigt werden können, dass unser Land oder unser Glauben beleidigt werden kann. Wir glauben nicht an Buddha. Wir glauben nur an die

Realität. Nur an sie. Zen verlangt von dir nicht, dass du an irgendetwas glaubst, das du nicht selbst nachvollziehen kannst. (...) Zen ist die völlige Abwesenheit eines Glaubens. Zen ist das völlige Fehlen von Autorität.

Brad Werner, Hardcore Zen

Taoisten sind *ganz gewöhnliche* Menschen – nicht aus koketter Bescheidenheit, sondern aus Überzeugung. Sie stellen sich nicht über andere Menschen, fühlen sich nicht erhaben. Nur in der inneren Orientierung unterscheidet sich der Mensch des Tao von seinen Mitmenschen: Während diese sich an ihren Egos orientieren, halten jene sich an den Lauf des Tao. Das ist aber kein Grund, sich von anderen abzuwenden.

In einer Zeit, die den Wert eines Menschen ausschließlich an seinem Besitz und Konsum bemisst, mag die taoistische Grundhaltung, der Status nichts gilt und die keinen Stolz auf Leistungen empfindet, sonderbar anmuten. Streben nach externer Größe, deren Maßstab immer der Blick der anderen ist, liegt Menschen des Tao aus guten Gründen fern. «Unter solchen Umständen werden die Menschen schlau», warnten die Weisen vom Huainan in Anlehnung an Lao Tse, «und versuchen die Regierung zu betrügen.»

Auf heutige Verhältnisse angewandt: Je größer die Anforderungen an die Bürger, umso größer die Betrügereien im Sozialstaat, umso umfassender werden die Überwachungen und Gängelungen sein, umso stärker wird in der Folge die Steuerschraube angezogen werden, was unter dem Strich nichts anderes als abnehmende Freiheit und zunehmende Mehrarbeit für jeden Einzelnen bedeutet. So mögen Taoisten aber nicht leben. Natürlich akzeptieren sie gewisse Anforderungen des Kollektivs, aber *Pflicht* bedeutet für Taoisten primär, dem eigenen Wesen gemäß zu handeln.

Ein Mensch des Tao will sehr wohl das Leben auskosten, verwechselt dies aber nicht mit hedonistischem Konsumdenken. Taoisten streben nach gelassener innerer Freiheit, statt ihre Zeit mit dem

Anhäufen von Dingen und Titeln zu vertun. Ein Taoist nimmt an der Welt teil, er sucht sich aber nicht in ihr:

> *Die Meister, die unter uns weilen, bleiben unerkannt. Sie verbergen nicht die Tatsache ihrer Meisterschaft; aber durch ihre Übereinstimmung mit der Lebenskraft sind ihre Handlungen immer natürlich. Sie helfen und stützen die Menschen um sich; da sie dies aber ohne Getöse oder auffallende Aktivität tun, bemerkt es niemand.*
>
> PAUL DILLON

Mit den Worten des Skeptikers Pascal: Es gibt Gottsucher und Gottfinder sowie jene, die sich weder ums Suchen noch ums Finden kümmern.

Leben aus dem Wesenskern

Dass das chinesische Weisheitsbuch *Tao Te King* in den letzten Jahrzehnten so großen Anklang im Westen gefunden hat, liegt wohl an unserem Grundbedürfnis, das Leiden am Leben zu mindern, sowie dem Wunsch nach Sinngebung und Zufriedenheit. Da die Philosophie des Tao jenseits aller Kulturbezüge etwas Allgemeingültiges ausdrückt, ist es nicht so schwer, von alters her ost-westliche Gemeinsamkeiten zu finden. Die von den Christen mit so viel Hass verfolgten «Heiden» hatten oft eine pantheistische oder naturphilosophische Weltanschauung, die dem Taoismus nicht so fern ist, dessen Wurzeln im Schamanismus liegen.

Das Verlangen, nach natürlichen Rhythmen zu leben und das eigene Wesen als Teil der Natur zu verstehen, wurde in alten Zeiten besser verstanden. Mit Heraklits Worten:

> *Eseln ist Häcksel lieber als Gold.*

Im Weil-ich-mir's-wert-bin-Zeitalter will natürlich niemand den Esel abgeben. Die Zeitgeistmedien verhöhnen uns ständig mit Millionären und schönen Frauengestalten, als «Normalzustand» provokant vor die Nase gehalten. Und wir lassen uns provozieren ...

«Es ist unglaublich schwer, uns selbst zu befreien», notierte der Psychiater und Autor David Servan-Schreiber, «damit aufzuhören, uns an das anzupassen, was wir meinen, das andere von uns erwarten.»

Begonnen hatte der Abfall von den Wünschen des Herzens wohl schon in der Jungsteinzeit. Seit Sokrates, dem Erfinder der Ethik, sind wir angehalten, uns der «guten Sache» zu widmen, das heißt unseren Verstand einzusetzen, um die Begehrlichkeiten unseres Herzens zu disziplinieren. Damit kam die «Herzensbildung» in die Welt. Doch wonach soll sich das Herz ausrichten, wenn seine angeborenen Beweggründe nicht mehr gut genug sind? Von nun an zählt vornehmlich das Geistige, während alles Körperliche als im Wege stehend verunglimpft wird. Ein Gedanke, den die ersten Christen begeistert aufgriffen. Befreit euch von allem Alten, allem Natürlichen, der Familie und den Trieben, forderten sie. Damit war das «schlechte Gewissen» geboren, und wir werden es nicht mehr los. Was ist das Gegenmittel?

Wer sich so akzeptiert, wie er oder sie ist, tut sich leichter, andere Menschen anzunehmen. Was einigen Studien zufolge auch gesundheitsförderlich ist. Ständig Rollen zu spielen ist furchtbar anstrengend, das eigene Wesen zuzulassen demgegenüber unglaublich erleichternd. Haben Sie den Mut, zu Ihrer Natur zu stehen, auch wenn die Konformisten die Nase rümpfen?

Was ist schon natürlich?

Jede Weltanschauung braucht eine Leitlinie. Der Taoismus beruht auf einer sehr tiefgehenden Beobachtung der Natur. Damit erhält «Natürlichkeit» einen überragenden Stellenwert – was den Taoismus theoretisch auf Konfrontationskurs mit jeder Kultur bringt, die auf der Hoffnung eines fortwährenden Fortschritts (= Umformung des Menschen, der Flora und der Fauna) basiert. Erzwungene Umerziehungsmaßnahmen haben immer üble Folgen nach sich gezogen. Die verbreitete Rechtfertigung, der Mensch wäre von Natur aus schlecht und müsste deswegen zu seinem Guten gezwungen werden, wurde von Lao Tse und Tschuang Tse rundweg abgelehnt.

Nun plädieren Taoisten keineswegs für ein Leben im Urzustand, finden jedoch viel von dem, was sich als «Fortschritt» ausgibt, eher meidenswert. Da Zivilisation per Definition ein Abrücken von der Natur bedeutet, befinden sich Anhänger des Tao in einer schwierigen Lage: Die Welt um sie herum wird immer künstlicher, während Taoisten davon ausgehen, dass ihnen nur ein Leben guttut, das den *angeborenen* inneren Rhythmen und Bedürfnissen folgt und nicht versucht, die aufgeschraubten Irrlichter des Egos mit der Wirklichkeit zu verwechseln.

Unser Wissen mag sich verändern – aber ändern sich unsere wahren Bedürfnisse? Taoisten, die äußerste Klarheit anstreben, fallen auf ideologische Spielchen nicht herein; lieber tarnen sie sich nach außen hin, als den Zorn und die Aufmerksamkeit der Manipulierer auf sich zu ziehen.

Dabei ist es augenscheinlich, dass den Menschen zu viel Künstlichkeit nicht guttut. Ich kann mich nicht erinnern, in der Kindheit je Kopfschmerzen gehabt zu haben – ein bei vorpubertären Kindern üblicherweise unbekanntes Leiden. Heute dagegen klagt bereits jedes zehnte Kind im Vorschulalter über Kopfweh, eine Zahl, die in der Grundschule sprunghaft ansteigt. Kinder, die draußen herumtoben sollten, werden von ängstlichen (oder abwesenden) Eltern in Wohnungen eingesperrt gehalten, durch suchterzeugende Unterhaltungsgeräte daran gehindert, ihrem natürlichen Bewegungstrieb zu folgen.

Wir haben leider keine instinktive Abwehr gegen viele Gefahren des modernen Lebens: Ein gewisser sexueller Drang ist uns angeboren, nicht aber ein automatischer Schutz gegen die pornographische Überflutung, die aus allen Medien quillt. Unser Geist ist fasziniert von Bewegung – was ihn anfällig macht für die Bilder aus der Fernsehkonserve. Unsere Ahnen mussten sich die Bäuche vollschlagen, wenn zufällig einmal Überfülle vorhanden war – was Supermarktadepten zu ständigem Überfressen einlädt. Wir halten uns instinktiv von Fremden fern, weil wir sie nicht leicht einschätzen können; aber in der modernen Großstadt herrscht ein ständiges Kommen und Gehen, was zur Folge hat, dass wir uns im öffentlichen Raum immer mehr abkapseln und stattdessen in Phantasiewelten leben, digital oder tagträumend.

Politikferne

In seiner Urform war der Taoismus eine Philosophie, die nie auf Massenwirksamkeit aus war. Taoisten waren und sind echte Individualisten, ohne aber einen Individualismus zu vertreten. Predigen und bekehren widerspricht fundamental der taoistischen Lebensanschauung. Zugegeben, es gibt eine Tradition der Weltflucht, besonders, wenn die Zeiten unruhig und schwierig sind. Rückzug entspricht aber nicht dem Bedürfnis aller Tao-Freunde. Dennoch betätigen sie sich kaum je politisch. Politischer Aktivismus, warnte Lao Tse, schafft immer antagonistische Spannungen. Ein perfekter taoistischer Herrscher regiert sanft, geht mit gutem Beispiel voran, lässt die Menschen in Ruhe gedeihen, ohne sich in ihr Leben einzumischen, beginnt keinen Krieg und strebt nicht nach Ruhm, Privilegien oder Überlegenheit. Wo gibt es solche Spitzenpolitiker? Da Taoisten Realisten sind, geben sie sich keinen Illusionen hinsichtlich des politischen Prozesses hin. Alle Großorganisationen – von der Religion bis zur Politik – wollen das Wesen des Menschen zwangsweise verändern. Aber Adepten des *Weges* wollen nicht befohlen bekommen, wie sie zu denken, fühlen und leben hätten …

Philosophie der wenigen

Man hat Taoisten bisweilen elitäres Verhalten vorgeworfen, obwohl Lao Tse wiederholt zu Bescheidenheit rät. Allerdings kann kein Taoist einen Sinn darin finden, sein Leben für fremde Ideen und Illusionen hinzugeben. Sie streben nach einem zufriedenen Leben, aber daraus lässt sich weder ein politisches Programm noch eine ethische Formel im Sinne Kants ableiten. Meister Alex Anatole ist in dieser Frage von schonungsloser Offenheit. Es gibt zwei Typen von Menschen, sagt er, den Fragesteller und den Herdenmenschen; für Letztere kommt Taoismus einfach nicht in Betracht.

Ein Lebensweg beruht nicht auf Intelligenz oder Bildung – er ist eher Sache des Temperaments, und das ist angeboren. Ein betont ehrgeiziger Mensch, der zu hart arbeitet, als Ausgleich zu viel isst und trinkt und dessen Sozialleben überstimulierend ist, wird auf diese Weise vermutlich einige Jahre der erwartbaren Lebensspanne einbüßen. Dermaßen getriebene Menschen sehen dies aber nie als Verlust an – sie können sich ein anderes, etwa ein asketisches Leben gar nicht vorstellen. Der Typ des Künstlers oder Mystikers wiederum braucht lange Phasen der Isolation für sein Schaffen oder Meditieren. Vom taoistischen Standpunkt aus betrachtet macht es keinen Sinn, wider die eigenen Neigungen zu leben. Weshalb Unternehmer, Heiler, Kämpfer, Trinker, Familienmenschen oder Eremiten letztlich nichts anderes tun, als *ihren* Weg zu gehen. Ein moralisches Problem gibt es in dieser Hinsicht im philosophischen Taoismus nicht.

Religion oder Philosophie?

Unter Sinologen gilt es heute als ausgemacht, dass die Unterscheidung zwischen Taoismus als Religion und Taoismus als Philosophie nicht aufrechtzuerhalten ist. Das mag historisch für China zutreffend sein, wird aber hinfällig, wenn man «Taoismus» auf seinen mystischnaturphilosophischen Kern reduziert und als Lebens- beziehungsweise Weisheitsphilosophie praktiziert. Der Ur-Taoismus basiert auf Lao Tses Buch *Tao Te King* (bzw. *Daodejing*) und der noch älteren Yin-Yang-Schule, zu dem auch das *I Ging* (das Buch der Wandlungen) gehört. Für die meisten praktizierenden Taoisten enthalten diese beiden Bücher sowie die Texte des Tschuang Tse hinreichend Anweisungen für eine gelungene Lebensführung. Ein wenig später entwickelte sich der religiöse Taoismus, der Götter, Tempel und Priester kennt, was bei der philosophischen Ausrichtung nicht der Fall ist. Der magische, auf Alchemie setzende Taoismus breitete sich etwa mit Beginn unserer Zeitrechnung aus.

Nichtreligiöse Taoisten werben keine Mitglieder an, halten keine Treffen und predigen auch nicht. Mehr noch, sie tarnen sich vorsätzlich. Das macht es für Suchende sehr schwer, den taoistischen Geist in der alltäglichen Anwendung zu finden.

Mein Verständnis des historischen Taoismus ist selbstverständlich begrenzt, schon allein deswegen, da ich des Chinesischen nicht mächtig bin. Auch fehlen mir tiefere Einblicke in die Ritualpraktiken der religiösen Richtung. Mein eigener Lehrer war eher weltlich gesinnt, obwohl er seinem Wesen nach recht asketisch war. Mit «weltlich» meine ich, dass er einer spezifisch chinesischen Tradition, die sich um Ahnenkult und magische Übungen dreht, nicht viel abgewinnen konnte. Sein eher «rationaler» Taoismus ist andererseits besser geeignet, vom westlichen Denken aufgenommen zu werden.

Ein Wort noch zum Zen-Buddhismus: Leider wird im zeitgenössischen New-Age-Mischmasch alles verwurstet. Ch'an (jap. Zen) ist eine philosophische Haltung taoistischen Ursprungs, hat sich dann aber mit dem aus Indien kommenden Buddhismus (der allerdings in China ziemlich «taoisiert» worden ist) verbunden. Wenn heute «Zen» nur noch im Zusammenhang mit «Buddhismus» genannt wird, dann rührt das daher, dass es kaum noch taoistische Lehrer gibt. In China selbst setzte sich der religiöse Taoismus durch, der den mehr philosophisch gesinnten Anhängern fast den Garaus machte, die sich daraufhin mit der «Zen-Sekte» zusammentaten. Taoistische Meister der philosophischen Richtung hatten immer nur wenige ausgewählte Schüler, lebten abseits der politischen Zentren und organisierten sich niemals in kirchenähnlichen Strukturen mit Machtansprüchen.

Ungeeignet für den Westen?

Falls einige Leser meinen, westliches versus östliches Denken sei ein Klischee, muss ich sie leider enttäuschen. Der Religionswissenschaftler Erwin Rousselle beschrieb Anfang der 40er Jahre den grundlegenden Unterschied zwischen westlichen und östlichen Menschen anschaulich: «Es scheint, dass der Abendländer einen Persönlichkeitskomplex hat, weil er eine weitgehend zentral durchstrukturierte Seele hat. [...] Dieses Zentrum in der Mitte der Seele, von dem aus alles radial gleichmäßig durchpulst ist, fehlt dem Asiaten. [...] Beim östlichen Menschen ist die Mitte *leer*. Der Mensch des Ostens besitzt sozusagen eine *Galerien-Seele* [...] das Ich ist außen, in den [...] seelischen Randbezirken» (Erwin Rousselle: *Lao-Dsis Weg*, 1973/1987).

Der eminente Mythenforscher Joseph Campbell notierte in seinem Tagebuch während einer Indienreise im Jahre 1954 folgende bemerkenswerte Unterschiede zwischen West und Ost:

Orient	Okzident
Tradition (der Guru)	Revolution (der Held)
Gläubiger Gehorsam	Intelligentes Streben
Die Archetypen	Der Persönlichkeitsfaktor
Unveränderliche Gesetze	Berufung
Kaste	Gleichheit
Bewusstseinsveränderung	Veränderung der Welt

Der amerikanische Sozialpsychologe Richard Nisbett (*The Geography of Thought: How Asians and Westerners Think Differently*, 2004) kommt ebenfalls zu dem Schluss: Die Menschen in Fernost haben eine deutlich andere Wirklichkeitswahrnehmung als Menschen aus unseren Breiten. Während Westler reduktionistisch denken (also sich auf spezifische Teile eines Ganzen konzentrieren, etwa die Ziegel einer Mauer), ist die Weltwahrnehmung der Ostler ganzheitlicher (sie sehen primär die Mauer – die in diesem Fall zufällig aus Ziegeln erbaut wurde).

Bedeutet das nun, dass wir nicht in der Lage sind, «taoistisch» zu denken? Nein, aber ein ganzheitliches Erfassen der Dinge fällt uns schwerer. Östliche Denker finden es leichter, mit Widersprüchen und Paradoxien fertigzuwerden, während die westliche Logik seit Aristoteles auf ein ausschließendes Entweder-oder festgelegt ist. Sich unter eingeschränkten äußeren Bedingungen innerlich frei zu fühlen erscheint uns als Selbstbetrug; die Weisen des Osten sahen in diesem Widerspruch nie ein Problem.

Wessen Worte sind die wahren?

Ein paar Hinweise zu den genutzten Quellen: Ich bin nicht in der Lage, chinesische Urtexte zu übersetzen – dafür gibt es reichlich kompetente Sprachwissenschaftler. Ich kann aber das taoistische Grundgefühl nachvollziehen, weil ich einen Lehrer hatte, der mir den Geist des Taoismus demonstrierte.

Es gibt Dutzende und Aberdutzende Übertragungen und Interpretationen vom Buch des Lao Tse, an dem sich Generationen von Sinologen, Philosophen und Religionswissenschaftlern versucht haben. Nur weil es sich beim *Tao Te King* um einen philosophischen Text mit manchmal poetischer, manchmal mystischer Sprache handelt, bedeutet das noch lange nicht, dass der Beliebigkeit Tür und Tor geöffnet wären. Andererseits ist der Text enorm komprimiert, sodass einige Stellen ohne zusätzliche Erklärungen nicht verstanden werden können. Die Metaphern und Analogien einer chinesischen Kultur vor zweieinhalb Jahrtausenden sind einem westlichen Geist des 21. Jahrhunderts nicht zugänglich; selbst ein zeitgenössischer Asiat weiß wenig damit anzufangen. Werktreue Übersetzungen von Gelehrten haben daher kaum praktischen Nutzen. Dazu kommt, dass es nicht einen «Ur-Text», sondern diverse Varianten gibt.

Es existiert ein massives Übersetzungsproblem also in zweifacher Hinsicht: Erstens war das *Tao Te King* an den chinesischen Hochadel gerichtet, sprach also in den Bildern dieses Standes und dieser Zeit; zweitens sind manche mystisch erscheinende Passagen dem Praktizierenden klar, nicht unbedingt dem übersetzenden Sinologen. Es ist also sehr schwer, eine Übersetzung zu finden, die den Text modernisiert, ohne den Sinn zu verfälschen, was vermutlich nur möglich ist, wenn ein Übersetzer bei einem Taoisten in die Schule gegangen ist und die Philosophie am eigenen Leib ausprobiert hat.

Den Geist von Lao Tses Darstellung zu erfassen ist wichtiger als eine textgetreue Übertragung. Das 81. und letzte Kapitel beginnt nach der Übersetzung von Lin Yutang mit folgenden Zeilen:

Wahre Worte sind nicht wohlklingend.
Wohlklingende Worte sind nicht wahr.

Schön symmetrisch, ergibt in der zweiten Zeile aber keinen Sinn. Die Entschlüsselung ist einfach: Die Wahrheit *braucht* nicht unbedingt in schönen Worten zu erscheinen. Schöne Worte wiederum sind *nicht automatisch* (weil sie schön sind) wahr.

Obwohl in diesem Buch hauptsächlich die Übersetzung Lin Yutangs herangezogen wird (wenn nicht, wird der Name des Übersetzers angegeben), drängt sich manchmal der Verdacht auf, dass er «in Schönheit sterben» wollte. So ist der Anfang des 23. Kapitels in seiner Version völlig unverständlich:

Die Natur spricht wenig Worte:
Daher währt ein Sturmwind nicht den ganzen Morgen.

Das begründende Bindewort «daher» macht an dieser Stelle keinen Sinn. Gemeint ist, wie ein paar Zeilen weiter klarwird, dass in der Natur nichts ewig währt. Ich denke, dem Suchenden ist – zumindest anfänglich – mit Klarheit mehr gedient als mit wolkiger Poetik. Diese Unklarheit in der Auslegung des *Tao Te King* für die praktische Lebensführung ist ein weiterer Anlass für das vorliegende Buch. Auch wenn man die mystischen Stellen beiseitelässt, bleiben viele Fragen offen: Was sind die Schätze des Taoismus? Was funktioniert nachweislich? Wie denken Taoisten heute?

Noch zwei, drei stilistische Anmerkungen: Die modernere Pinyin-Umschreibung chinesischer Namen und Begriffe mag für Englischsprachige verständlicher sein (ein «j» oder «ch» als «dsch» auszusprechen), bringt im Deutschen aber überhaupt nichts, weshalb ich es bei der älteren, aber hierzulande bekannteren Wade-Giles-Übertragung belasse (Peking statt Beijing).

Um umständliche Formulierungen zu vermeiden, benutze ich wiederholt den Begriff «Taoist», obwohl hier nicht die Zugehörigkeit zu einer bestimmten Religion gemeint ist; präziser, wenngleich zu umständlich wäre wohl «Anhänger der taoistischen Ur-Philosophie»; im Übrigen soll «der Taoist» natürlich immer auch Frauen umfassen, ohne ermüdende Verdoppelung (der/die Taoist/in) bemühen zu müssen. Zudem verzichte ich auf einschlägige Termini, außer «Tao» und gelegentlich «Chi» kommen nur selten chinesische Begriffe vor.

Aufmerksamen Lesern wird ferner nicht entgehen, dass sich gelegentlich eine Argumentation wiederholt. Statt linear vorwärtszugehen, entwickelt sich das Buch spiralförmig, was dem taoistischen Zeitverständnis entspricht.

Übung 1

Falls Sie Lust auf Selbsterforschung haben, hier der Beginn einer mehrteiligen Übung, jeweils am Ende der folgenden Kapitel zu finden:
Durchstöbern Sie einmal all Ihre Träume hinsichtlich der kommenden Jahre, was Sie noch alles vorhaben im Leben – alte Sehnsüchte, unerfüllte Wünsche, große Hoffnungen etc. –, und machen Sie bitte davon eine ausführliche schriftliche Notiz. Stellen Sie sich vor, Sie lägen in diesem Moment auf dem Sterbebett: Welche Versäumnisse würden Sie wohl beklagen? Zu wenig Reisen, zu wenig Erotik, zu wenig Abenteuer? Was es auch ist – machen Sie aus Ihrem Herzen keine Mördergrube und bringen Sie sämtliche offen plagende sowie subkutane Hoffnungen und Unzufriedenheiten zu Papier.

Taoistische Lebensweisen

Sich wie beiläufig den Ereignissen und der Umwelt anpassen – das ist der Weg des Tao.

TSCHUANG TSE

Das Ideal des philosophischen Taoismus ist ein «mythischer Ur-Mensch», der in perfekter Übereinstimmung mit den Gesetzen der Natur lebt. Das macht ihn aber keineswegs zu einem Vorfahren der Grünen oder einem romantischen Naturschwärmer, denn eine der taoistischen Grundeinsichten lautet: Die Natur ist uns keineswegs freundlich gesinnt, steht uns vielmehr gleichgültig gegenüber – das Individuum ist für die Natur bedeutungslos.

Um jetzt keine Depressionen aufkommen zu lassen, erscheint es angeraten, einen Schritt zurückzutreten. Das TAO kann als «perfekter Ablauf der Dinge» verstanden werden, soll heißen, in Natur und Kosmos herrscht eine dynamische Ordnung. Lässt sich dieser Zustand auch in menschlichen Gemeinschaften verwirklichen? Laut Lao Tse nur, wenn sie sich auf ebenso natürliche Weise organisieren wie die spontan entstandene Wirklichkeit. Dazu braucht es eine unbewegte Mitte, vergleichbar der Sonne, die für alle Menschen gleich hell strahlt und alle unterschiedslos wärmt. So sollte auch der ideale Herrscher sein Volk zusammenhalten (auch wenn Taoisten Freigeister sind – einer anarchistischen Verwirrung sind sie nie anheimgefallen, da jede Gemeinschaft eine verlässliche Mitte braucht). Die Sonne, wie auch das Tao, hat am Gedeihen der Welt kein Interesse, ist also *absichtslos*. Sie strengt sich nicht an, bewegt sich nicht von ihrer zentralen Stelle fort und nützt auf diese Weise der Erde am besten. Ähnlich strukturiert sich die ideale Gemeinschaft: in der Mitte ein unparteiisch handelnder Führer, umrundet von Mars (den Kriegern), Venus (den Kunsthandwerkern), Merkur (den Boten und Händlern), Jupiter (dem Schamanen) usw. Jeder mit einer spezifischen Funktion, einander nicht im Weg stehend. Das heißt aber nicht, dass dem Einzelnen von Staats wegen bestimmte Rollen aufgezwungen werden; nur die isolierte Stellung des Herrschers, der mit niemandem exklusiv in Bezug steht, ist *absolut*. Lao Tse: «Aus diesem Grunde nennen sich die Fürsten und Herzöge ‹Verwaiste›, ‹Einsame› und ‹Unwürdige›. Ist es nicht so, dass sie auf die Stützung durch das gewöhnliche Volk angewiesen sind?» (Kapitel 39).

Alle anderen Positionen sind *relativ*, ergo untereinander austauschbar; der Krieger kann folglich Gärtner werden und umgekehrt. Hier herrscht eine natürliche Ordnung und Klarheit – kein händeschüttelnder Kaiser, der auf «volkstümlich» macht, kein Despot, der sich auf Kosten seines Volkes bereichert, kein arroganter Gott-König, der voller Verachtung seine Untertanen quält. Man stelle sich vor, die Sonne neigte sich, um den kalten Polregionen auch einmal «Gerechtigkeit» und «Gleichheit» widerfahren zu lassen … äußerstes Chaos am Himmel und auf Erden wäre die Folge.

So wie unser Zentralgestirn sich nicht ins Leben der Welt einmischt, lässt der ideale Herrscher die Menschen ungestört ihre Natur entfalten. Auf demselben Prinzip beruht die Familie: Vater oder Mutter bildet den ruhenden Pol, und die Kinder entwickeln sich von selbst, von den Eltern genährt, beschützt und unterwiesen, bis sie sich weit genug entpuppt haben, ihre eigenen Wege zu gehen. Wie der wahre König nicht mit seinen Untertanen diskutiert, können Eltern nur Vorbild sein, wenn sie selbst gefestigt sind und klare Anweisungen geben (statt wie heute verwirrt den eigenen Nachwuchs um Rat zu fragen); nur wenn Kinder ihre Eltern als verlässlich und in sich ruhend erleben, werden sie dieselbe innere Sicherheit entwickeln.

Auf diese Weise gehen Nützlichkeit, Reibungslosigkeit, Effizienz und große Ruhe Hand in Hand. Alle Dinge folgen ihrem natürlichen Ablauf, und nichts braucht erzwungen zu werden. In einer solchen Gemeinschaft gibt es auch kein Bedürfnis, «anders» zu sein, «herauszuragen», andere übertrumpfen zu wollen, «besser» dazustehen, mehr zu besitzen – was alles Friktion und längerfristig Unruhe schafft.

Der Taoismus geht also von einem menschlichen Ur-Zustand aus, dem man sich idealerweise wieder annähert. Da wir leider zu Phantasien tendieren, was ein solches Ideal ausmacht, besteht Lao Tses nächstbeste Annäherung über Kleinkinder. Wer genau hinsieht, kann die urwüchsige Kraft des Lebens in den kleinen Geschöpfen unmittelbar wahrnehmen: Ein Baby «weint den ganzen Tag, aber seine Stimme wird nie heiser, was bedeutet, dass seine (natürliche) Harmonie vollkommen ist» (Lao Tse, Kapitel 55).

Mein Lehrer erklärte dies mit dem noch ungebrochenen inneren Energiefluss (*Chi*), der mit fortschreitendem Leben immer mehr «stockt». Wenn sich Emotionen anlagern, entsteht ein Energiestau – und zwar in unserem Gefühlsleben *und* im Körper. Negative Lebenserfahrungen lagern sich wie Kalkstein ab und «verstopfen» zunehmend unsere inneren Energiebahnen; das beeinträchtigt nicht nur die Gesundheit, sondern auch unser Denken und Fühlen, das nach und nach «defizitär» wird. Das Gleiche passiert auf der kollektiven Ebene, wenn eine Gemeinschaft aus «gestressten» Individuen sich in Regeln und Vorschriften mumifiziert, künstliche Ungleichheiten schafft, und so Verzweiflung, Habgier, Neid und Aggression fördert. Die christliche Idee, dass Menschen «sündig» auf die Welt kämen und von klein auf traktiert gehörten, ist für Taoisten eine überaus seltsame Vorstellung.

Tschuang Tse beschreibt unsere «Ur-Ahnen» folgendermaßen:

Die Menschen haben gewisse natürliche Instinkte – zu weben, sich zu kleiden, die Felder zu bebauen. Das ist ihr gemeinsamer Charakter, an dem alle teilhaben. Solche

Instinkte können «Himmelsinstinkte» genannt werden. So hatten in den Tagen, da die Natur noch vollkommen war, die Menschen ruhige Bewegungen und ein heiteres Aussehen. Damals führten noch keine Pfade über die Berge, keine Boote und Brücken über das Wasser. Alle Dinge wurden, jedes in seiner naturgegebenen Gegend, erzeugt. [...] Da alle gleichermaßen ohne Wissen waren, konnte ihr Charakter nicht in die Irre geführt werden. Da alle gleicherweise ohne Begierden waren, waren sie im Zustand natürlicher Unversehrtheit.

Lin Yutang, S. 120

In dieser Passage ist ein wichtiges Konzept des philosophischen Taoismus enthalten: Das notwendige Wissen für ein zufriedenes Leben ist in unserer Natur, unserem Wesen, unseren Instinkten gespeichert; doch die sind uns kaum noch zugänglich, seit die Sozialphilosophen uns mit moralischen Vorschriften drangsalieren. Stattdessen halten wir uns an «Forschungsergebnisse» und «Expertenwissen» und werden von Generation zu Generation ratloser, selbst in grundlegenden Lebensfragen.

Der «wahre» Mensch ist in seiner Existenz zufrieden, strebt nicht fortwährend nach mehr, beneidet nicht den Nachbarn um sein Glück und leidet sicher nicht am Leben und der Welt. Je weiter sich der Mensch von dieser «Natürlichkeit» entfernt, umso unruhiger, verwirrter, unglücklicher wird er. Wer an ein Gummiseil gebunden in die Tiefe springt, weil er nur nach einem Adrenalinstoß das Gefühl hat, lebendig zu sein, verfolgt nach taoistischer Anschauung genauso einen Irrweg wie der libidinöse Hedonist, der von Leib zu Leib eilt, oder der besessene Karrierist, der Geld und Glamour sucht, um sich erhaben zu fühlen. Lauter Irrwege, weg vom eigenen Selbst. Das gilt selbst für den idealistisch agierenden Sozialhelfer, der seinem leidenden Ich durch selbstmörderische Hilfseinsätze am anderen Ende der Welt zu entkommen versucht. Ein Mensch des Tao erfreut sich am

Leben, wie es ist, akzeptiert sein Wesen in seiner ganzen Eigenheit, ohne zu versuchen, ein anderer zu werden …

Taoisten sind sich zutiefst bewusst, dass das menschliche Dasein ungewiss und höchst kostbar ist – unser größter Reichtum folglich die zur Verfügung stehende Lebenszeit ist. Daher werden sie alles tun, um unnötige Gefahren zu meiden, und gewiss nicht auf «altruistische Appelle» hereinfallen und ihr Leben für Fremde wagen. Ich kann mich noch gut erinnern, als ich Sabomnim einmal mit der Frage bedrängte, ob er sich in gefährliche Fluten stürzen würde, um einem Ertrinkenden beizustehen. Sein kühles «Nein» schockierte mich damals, als ich noch knietief in meiner idealistischen Phase war. Wie oft gehen solche Rettungsversuche schief und beide ertrinken? In England wurde der Fall eines Familienvaters bekannt, der zwei Ertrinkenden zu überleben half, aber dann selbst absoff. Utilitaristen würden nun bekräftigend rufen: Bravo, das hat dem Gemeinwohl gutgetan, ein Toter ist besser als zwei. Aber warum sollte ich zwei fremde Leben höher einschätzen als mein eigenes? Da sträubt sich einem jede Faser im Leib – nur langjährige, tiefreichende moralische Manipulation kann diese instinktive Reaktion unterdrücken.

Obwohl der Utilitarismus im westlichen Ethikdenken tief Fuß gefasst hat, halten ihn Taoisten schlicht für irreal. Der prominenteste zeitgenössische Vertreter, der Australier Peter Singer, nahm seinen Mund eindeutig zu voll, als er verlangte, das Krankengeld für betagte Eltern besser nach Afrika zu schicken, um dort einer größeren Anzahl von Menschen zu helfen. Als seine eigene Mutter darbte, unterstützte der Theoretiker sehr wohl sie und nicht Unbekannte in der Ferne …

Hans-Georg Moeller endet sein einsichtsvolles Buch *In der Mitte des Kreises: Daoistisches Denken* (2001) mit der Bemerkung, die taoistische Philosophie könne zu einem neuen gesellschaftlichen Verstehen jenseits moralischer und humanistischer Rhethorik beitragen. Allemal.

Der größte Unsegen

Das Kernstück des Taoismus ist ein Verlangen nach *Zufriedenheit*. Man kann dazu Seelenfrieden oder auch Erleuchtung sagen, aber nur darum geht es laut Lao Tse:

> *Es gibt keinen größeren Unsegen als Mangel an Zufriedenheit.*

Wenn für den zeitgenössischen Menschen etwas charakteristisch ist, dann seine Verwirrung. Er weiß nicht, wie er leben oder was er glauben soll, hat die spontane Daseinsfreude verloren, selbst den Instinkt zur Kinderaufzucht. Ständig nagt an ihm Unzufriedenheit – über die Nachbarn, die Regierung, den Beruf, das Wetter, die Welt. Manche meinen, es war schon immer so. Für den weisen Lao Tse war dieser Zustand inakzeptabel: Ohne Klarheit taugt ein Lebensweg wenig. Das mag den meisten Menschen einleuchten, doch wo sind die Wegmarkierungen? Darauf gibt der Stammvater des Taoismus eine eindeutige Antwort: Da sich gesellschaftliche Werte beständig verändern, hält der Weise sich von moralischen Urteilen fern und nimmt stattdessen den Ablauf der Natur zum Vorbild. Allerdings nicht in der Art und Weise der Romantiker, die dazu neigen, die Natur als «wohltätig» zu verklären.

Ein Taoist lässt sich nicht durch den populärkulturellen Oberflächenlack beirren, sondern sieht klar und deutlich das darunterliegende, anhaltende menschliche Chaos. Dadurch unterscheidet sich die taoistische Philosophie von allen Utopien und Heilslehren. Sie akzeptiert die Eigenart des menschlichen Herzens, ohne sie wütend zu bekämpfen. Das hat nichts mit Resignation oder Pessimismus zu tun, sondern schlicht mit der Weigerung, Irrlichtern zu folgen. Deshalb besteht eine Absicht des vorliegenden Buches darin, der unerträglichen Seichtheit vieler Selbsthilfebücher gegenzusteuern. Das dort so häufig propagierte Wunschdenken, verbunden mit einem infantilen Schlaraffenlandbild vom Leben, hat schon viele Enttäuschungen und Schmerzen verursacht.

Es ist an der Zeit, Gegengewichte zu den falschen Lehren zu schaffen. Man unterschätze die Schwierigkeit der Aufgabe nicht: Sich von *allen* moralischen Beeinflussungen und verinnerlichten Normen freizumachen ist sehr schwer. Ob man vorgegebenen Denkschablonen folgt oder unentwegt gegen sie rebelliert – beides stellt eine *Reaktion* dar und keineswegs natürliches Handeln gemäß dem eigenen Wesen. Abgesehen von den altbekannten Schlachtfeldern Politik, Sex und Religion gibt es viele andere Bereiche, in denen unsere Anschauung vom Zeitgeist zutiefst geprägt wurde, ohne dass wir uns dessen bewusst sind.

Im Roman *Grenzgänger* von Cormac McCarthy sagt ein alter, weiser Mexikaner: Der Wolf weiß etwas, was wir Menschen nicht wissen – nämlich, dass es keine Ordnung in dieser Welt gibt, außer jener, die der Tod bringt. Der Tod als der große, echte Gleichmacher. Das klingt recht pessimistisch (und der gewalttätige Roman macht auch nicht viele Hoffnungen); für Taoisten ist die sichtbare Unordnung aber *nicht* zwangsläufig gegeben, sondern ein Ergebnis tiefster menschlicher Verwirrung. Jedem Menschen steht es frei, dem Tao zu folgen und Gängeleien innerlich zu meiden. Der Taoismus kennt kein Äquivalent zur christlichen Vorstellung von «Erbschuld».

Im Folgenden eine kurze Auflistung wesentlicher Anschauungen, die später noch vertieft werden:

- **Klarheit gewinnen**. Wenn man verwirrt ist, erscheint einem sogar etwas Gutes als schlecht. Viel zu viele Probleme sind hausgemacht und vermeidbar. Jemand hat sein Glück schon gefunden und wirft es wieder weg, weil er den Schatz nicht erkannt hat. Kann es ein schlimmeres Übel geben?

- **Stille.** Ohne innere Ruhe kann man sein Dasein nicht genießen. Wer sich vor Sorgen zerreißt, die Tage hektisch und voller Angst verbringt, lebt stark eingeschränkt. Deshalb empfiehlt der Alte Meister:

> *Erreiche die äußerste Passivität;*
> *Halte fest an der Grundlage der Ruhe.*
> *Die zehntausend Dinge nehmen Gestalt an*
> *Und steigen zur Tätigkeit auf,*
> *Ich aber sehe zu, wie sie zur Ruhe zurückkehren.*
> [...]
> *Zur Wurzel zurückkehren, ist Stille,*
> *Es heißt, zum eigenen Schicksal zurückkehren.*

Kapitel 76

- **Sorglos leben.** Der Materialist glaubt, ein sorgenfreies Leben sei nur durch ein unerschöpfliches Bankkonto zu erreichen. Also jagt und strebt und stresst er sich durchs Leben. In Wirklichkeit belastet Besitz, weil er Verantwortung schafft. «Überfluss haben heißt verwirrt werden», stellt der Alte Meister im 22. Kapitel fest. Und Tschuang Tse erinnert daran, was die jungen Vereinigten Staaten noch nicht begriffen haben – nämlich dass unter der Regierung des Kaisers Schun das Wetteifern gefördert worden war, «und der frühe Tod kam in die Welt» (Lin Yutang, S. 222). Deswegen halten sich die Menschen des Tao an andere Werte: *geistig sein* (ohne von Morallehren abzuhängen); die Ordnung unter den Menschen *akzeptieren* (ohne herausragen zu wollen); *Muße genießen* (ohne zu übertreiben); *lange leben* (ohne künstlichen Aufwand zu treiben), *gelöst und leidenschaftslos* ... (Lin Yutang, S. 191)

- **Leben ist für jeden schwer**. Der Neid auf das, was andere haben, verstellt uns oft den Blick auf eine simple Tatsache: Auch Reiche oder Berühmte haben Sorgen, bloß andere. Wenn seine Kung-Fu-Studenten wieder einmal den Jammergang eingelegt hatten, erinnerte sie der Meister: «Leben ist für jeden schwer.» Taoisten akzeptieren fröhlichen Herzens, dass das menschliche Dasein ein Kampf ist.

- **Alles bewegt sich durch Polaritäten**. Tschuang Tse beschreibt sehr schön, wie alles im Kosmos einer inneren Gesetzmäßigkeit folgt – ein guter Hinweis, dass unser Streben nach «ewigem Wachstum» irreal ist:

  > *Die vier Jahreszeiten folgen aufeinander, in ihrem Gehen und Kommen aufeinander bezogen. Daraus entstehen Sympathien und Antipathien, Erwählungen und Vorlieben. Das Männliche und das Weibliche kommen zusammen, und die Art pflanzt sich fort. Friede und Chaos folgen einander, Glück erzeugt Unglück und Unglück Glück. Das Träge und das Rasche reiben sich aneinander, Dinge entstehen und zerstreuen sich. [...] Alle Ordnung entsteht aus einem einzigen Prinzip, und jeder Aufstieg und Niedergang hängt zusammen. Wenn etwas seine Grenzen erreicht hat, kehrt es die Richtung um; wenn das Ende erreicht wird, beginnt der Anfang.*
  >
  > **Lin Yutang, S. 112**

- **Vorbild Wasser.** Taoisten streben nicht aktiv nach Veränderungen. «Die Zeit lässt sich nicht aufhalten, und das Tao darf nicht gehemmt werden», weiß Tschung Tse (Lin Yutang, S. 217–219). In manchen alten Texten kommt die Formulierung «handeln ohne zu handeln» vor. Gemeint ist damit, dass die eigenen Handlungen in vollkommener Übereinstimmung mit den «Beweggründen der Natur» sein sollten. Das ist in unserem verbildeten Zustand recht schwer geworden. Doch nur dann entsteht ein Zustand, von dem Lao Tse sagt: «Der Weise tut nichts, und dennoch bleibt nichts unerledigt.» Ähnlich dem Wasser, das einfach seiner vorgegebenen Richtung folgt.

- **Streben nach Selbsterkenntnis.** Als über dem Orakeltempel zu Delphi die Inschrift «Gnothi Seautón» auftauchte – Erkenne dich selbst! –, schrieb Lao Tse ziemlich zur gleichen Zeit: «Wer andere erkennt, ist gelehrt. Wer sich selber erkennt, ist weise» (Kapitel 33). Diese Aufforderung gilt als Ausgangspunkt für philosophisches Denken.

- **Unabhängigkeit.** Je mehr man von Bedürfnissen und Vorstellungen anderer abhängig ist, umso geringer der Eigenraum. Autonomie und Selbstgenügsamkeit gehören ebenso zu den bewährten taoistischen Überlebenstechniken wie Ausweichen und Nachgeben. Im 20. Kapitel beschreibt Lao Tse den Unterschied zwischen einem üblichen, an die Gesellschaft angepassten Leben und einem, das dem Tao folgt. Dabei verhehlt der Weise nicht die Einsamkeit des Propheten, den niemand verstehen will, erschwert durch die Einsicht, dass die Unvollkommenheit der Welt (des menschlichen Wesens) unheilbar ist.

Die Gemeinen wissen Bescheid und sind hell,
Ich allein bin stumpf und verwirrt.
Die Gemeinen sind klug und selbstsicher,
Ich allein bin gedrückt.
Geduldig wie das Meer,
Umhergetrieben, scheinbar ziellos.

Diese Passage ist sehr unterschiedlich gedeutet worden; Erwin Rousselle wähnt Lao Tse hier in einem melancholischen Anfall. Es ist wohl eher ein Aufseufzen, dass die Menschen kollektive Anforderungen so selbstverständlich hinnehmen und prompt ihr Selbst vergessen. Lärmend und geschäftig sich irgendwelchen Illusionen hinzugeben – diese Ausflucht ist Taoisten verwehrt, da es für sie unumgänglich ist, dem WEG zu folgen.

- **Verantwortung übernehmen.** Eines der wenigen unumstößlichen Gebote im Taoismus besagt: *Du musst für dein Leben Verantwortung übernehmen.* Theoretisch mögen die meisten Menschen zustimmen, die Praxis sieht oft anders aus. Wer einen Fehler begangen hat und dann angestrengt nach einem Schuldigen sucht, verstößt genauso gegen das Prinzip wie jene Erwachsenen, die schlimme Kindheitserlebnisse als Begründung heranziehen, warum es ihnen hier und jetzt nicht gutgehen kann. Das mag in einer Therapiekultur voller Opfer gut ankommen, ist für einen Taoisten aber inakzeptabel. Wir sind so sehr gewohnt, grundlegende Dinge wie Bildung, Gesundheit, Recht, Sicherheit, Vorsorge usw. an den Staat abzuschieben, dass der Mangel an Verantwortungsbereitschaft nicht überraschend kommt.

- **Nachgiebigkeit.** Lao Tse verstand unter Weichheit und Sensibilität weder Wehleidigkeit noch Schwäche, sondern ein Mitfließen mit dem Leben:

  Wenn der Mensch geboren wird, ist er zart und schwach;
  Im Tode ist er hart und steif. [...]
  Darum sind Härte und Steifheit die
  Gefährten des Todes
  Und Weichheit und Zartheit die
  Gefährten des Lebens.

- **Wachsamkeit.** Da Taoisten die Wirklichkeit sehen, wie sie ist, akzeptieren sie auch die Notwendigkeit, aufmerksam zu sein. In Kapitel 15 beschreibt Lao Tse das Verhalten der alten Weisen:

  Behutsam, wie beim Überschreiten eines Flusses im Winter;
  Unentschlossen, wie wenn von überall Gefahren drohen;

Wenn Taoisten Fremden begegnen, sind sie grundsätzlich offen, das heißt weder misstrauisch noch vertrauensselig. Jeder Mensch besitzt Instinkte, die zum Einsatz kommen, sobald sie durch ein *konkretes* Signal aktiviert werden. Ein Instinkt ist allerdings etwas anderes als ein angstgefülltes Unterbewusstsein. Nachdem ich im Alter von drei Jahren vom Schäferhund des Großvaters schlimm gebissen worden war, dauerte es viele Jahre, bis die Angst vor Hunden aus den Tiefen meines Wesens geschwunden war. Wenn ich heute einem herumlaufenden Hund begegne, gehe ich von dessen Harmlosigkeit aus, es sei denn, etwas im Verhalten des Tieres alarmiert mich. Wachsamkeit bedeutet, eine Situation richtig einzuschätzen; um dazu in der Lage zu sein, darf die Wahrnehmung nicht durch starke Emotionen überlagert sein. Ist andererseits Gefahr im Verzug, soll keine ethische Voreingenommenheit einer angemessenen Aktion im Wege stehen.

- **Gesundheit und körperliche Stärke.** Die westliche Geist-Körper-Spaltung ist Taoisten fremd. Meister Anatole in seinem unübertrefflichen Pragmatismus:

  Ohne gesunden Körper ist ein zufriedenes Leben unmöglich. Trotz aller sogenannter Spiritualität, die wir theoretisch entwickeln können, machen brutale Migränekopfschmerzen, ein schlimmer Rücken oder ein rasender Durchfall ‹Erleuchtung› zu etwas Zweitrangigem, während wir nach einer Befreiung von unserem körperlichen Unbehagen Ausschau halten.

- **Maß halten.** Konfuzius empfahl: In jungen Jahren, wenn die Persönlichkeit noch nicht voll ausgereift ist, soll man sexuelle Exzesse meiden. In mittleren Jahren, im Vollbesitz seiner Kräfte, soll man keine Streitsucht aufkommen lassen. Im Alter, wenn das Leben schwindet, soll man sich nicht habgierig an Besitz klammern.

Tschuang Tse riet einem Fürsten, der seinen Reichtum verloren hatte und sich von der Erinnerung an seinen Palast nicht trennen konnte: «Denkt zuerst an Euer Leben, denn wenn Ihr Euer Leben werthaltet, werdet Ihr den Genüssen des Lebens weniger Wert beimessen» (Lin Yutang, S. 209).

- **Bescheidenheit.** Ein ganz praktisches Prinzip: Wer sich großtut, ruft in anderen Widerwillen hervor, wer sein Glück zur Schau stellt, erzeugt Neid. Je mehr Besitz oder Ansehen man hat, umso mehr kann man verlieren, umso größer die damit einhergehende Sorge. Warnte der Alte Meister: «Überfluss haben heißt verwirrt werden» (Kapitel 22) – unsere westlichen Gesellschaften sind fürwahr ein anschauliches Beispiel dafür.

  Tschuang Tse sekundiert: «Sie [die Menschen des Tao] lebten in schrankenloser Freiheit und versuchten dennoch, nicht zu prahlen» (Lin Yutang, S. 84).

  Vor diesem Hintergrund wird die Empfehlung des Lao Tse verständlich:

  Wer am meisten liebt,
  Gibt am meisten aus [= Lebensenergie].
  Wer viel aufhäuft,
  Verliert viel.
  Dem Zufriedenen widerfährt keine Schande;
  Wer weiß, wann er aufhören soll,
  Läuft keine Gefahr –
  Er kann lange überdauern.

  Kapitel 44

- **Sich nicht anketten.** Wer das Leben und dessen Gesetze kennt, ist sich schmerzlich seiner Begrenztheit bewusst. Da Taoisten ein maximal selbstbestimmtes Leben anstreben, versuchen sie auch, Verpflichtungen bewusst auszuwählen. Große Freundeskreise, politische Ehrenämter u. Ä. sind eher untypisch. Ein Taoist ist mit Haut und Haaren für seinen «inneren Kern» da, wird aber darüber hinaus alles unternehmen, um sich nicht vereinnahmen (und einen fremden Tagesrhythmus aufzwingen) zu lassen. Übrigens zählt für einen Taoisten auch Besitz zu den Verpflichtungen. Tschuang Tse schrieb über die vollkommenen Menschen der Vorzeit:

> *Sie nährten sich von wildwachsenden Speisen auf dem Feld* Ohnesorge *und lebten im Küchengarten* Keinepflicht. *Freiheit heißt Nichttun; [...] Keinepflicht heißt, dass es keine Aufgabe gibt.*
>
> **Lin Yutang, S. 217**

- **Liebe die Deinen.** Wie erwähnt, fühlen Taoisten sich nur ihrem Kreis vollkommen ergeben – der eigenen Familie, engen Freunden und Gleichgesinnten, dem Meister (bzw. den eigenen Studenten). Tschuang Tse ist in diesem Punkt glasklar: «Der Tiger liebt seine Jungen.» Und sonst niemanden. Die Auswahl ist bedacht und bewusst; die Vorstellung, die ganze Welt zu lieben, erschiene Tao-Suchern irreal; das hieße, sich zu verzetteln und der Verwirrung Tür und Tor zu öffnen. Was taugte eine Liebe, die jedem Menschen gleichermaßen gilt? Kein sterbliches Wesen besitzt einen unerschöpflichen emotionalen Vorrat. Deshalb behandelt ein Taoist alle Menschen außerhalb des intimen Kreises freundlich, aber gleichgültig. Das Tao – wie auch die Natur – ist völlig unparteiisch. Das Konzept eines christlichen Gottes voller Liebe zu den Menschen lässt sich daher nicht mit dem Begriff des Tao gleichsetzen. Herzensgüte ist für Taoisten etwas, das nur *spontan* etwas taugt – als moralisch eingeforderte Haltung ist sie wertlos.

- **Tarnung.** Da ein Taoist weiß, dass seine Sicht der Welt bei den meisten Menschen aneckt, wird er nicht nur keine Predigten halten, sondern auch seine Anschauung für sich behalten. Das ist keine billige Konfliktvermeidungsstrategie, sondern Überlebensschutz:

> *Es gibt kein größeres Unheil als Unterschätzung des Feindes.*
>
> LAO TSE, Kapitel 69

Taoismus ist keine Glaubensgemeinschaft mit wechselseitiger Schutzversicherung; im Ernstfall sind Taoisten auf sich gestellt. Ein Unterprinzip der «Tarnung» lautet: *Nie der Erste sein wollen.* Das dient einerseits dem Selbstschutz, und ist andererseits Ausdruck natürlicher Selbstbescheidung. Lao Tse empfahl seinen Nachfolgern gar, sich im Vergleich mit anderen als *nicht ebenbürtig* zu fühlen. «Der vollkommene Mensch», notierte Tschuang Tse, «geht unerkannt in der Welt umher und begegnet keinen Hindernissen.» Mit Meister Anatoles herzerfrischenden Worten: «Ein Taoist bezahlt seine Steuern und hält den Mund.»

- **Echtheit und Einfachheit.** Wie den Philosophen des Existenzialismus ist es Taoisten sehr daran gelegen, alles Gezierte und Unechte abzulegen. Wenn sie von der «wahren Natur» sprechen, meinen sie Folgendes:

> *Von der Ruhe kommt ungekünstelte Schlichtheit, und von ungekünstelter Schlichtheit kommt Gereiftheit.*
>
> TSCHUANG TSE, Lin Yutang, S. 191

Den Menschen der Postmoderne mag das unerträglich naiv erscheinen, gehört doch eine affektierte Haltung zum weltmännischen Gestus des Großstadtlebens. In der Natur «verstellt» sich das Chamäleon aber nur, um sich zu tarnen, zu einem rein lebenserhaltenden Zweck also – und nicht, um sich erhaben zu fühlen.

Wenn schöne Menschen sich ihrer Schönheit zu sehr bewusst sind, werden sie unerträglich. Da ein aufgeblasenes Ego den «Zugang» zum Tao versperrt, empfiehlt es sich, nicht zu viel Energie auf die Aufrechterhaltung von Ich-Illusionen zu vergeuden:

> *All dieses Streben nach Ansehen und Ruhm fügt dem Charakter [= ursprünglichen Wesen] des Menschen nichts hinzu»*
>
> **Tschuang Tse, Lin Yutang, S. 218**

- **Misstrauen gegenüber der Logik.** «Nicht zu wissen, was man sucht, bedeutet schiere Agonie. Zu viel analytisches Denken, zu viel Logik, zu viele Bedeutungen. Das Leben ist nicht logisch, warum also nach einer logischen Erklärung für Lebenssinn suchen?» (Gao Xingjian, *Der Berg der Seele*).

  Die Dinge und das Leben zu sehen, *wie sie sind*, steht im Zentrum von Zen und Taoismus.

- **Keine Diskussionen.** Auf recht sophistische Weise fragt Tschuang Tse in einem seiner Texte: Angenommen, zwei diskutieren und sind sich nicht einig – wie kann man da zu einem Ergebnis kommen? Selbst wenn man eine dritte Partei hinzuzieht, ist das noch immer keine Garantie für absolute Objektivität. Taoisten erscheint es als unsinnig, über die Natur beziehungsweise Naturgesetze zu diskutieren. Das Tao kann seinem Wesen nach nicht definiert werden, und Sprache kann keine Aussagen über das Absolute machen. Unterscheidungen sind nur in der relativen Welt möglich. Tschuang Tse:

> *Über die Grenzen der Außenwelt hinaus weiß der Weise nur, dass etwas existiert, spricht aber nicht davon. Innerhalb der Grenzen der Außenwelt spricht der Weise zwar davon, doch beurteilt er es nicht. […] Der echte Weise behält seine*

Erkenntnisse für sich, während die gewöhnlichen Leute ihre Einsichten im Wortstreit vorbringen, um einander zu überzeugen.

Lin Yutang, S. 50

- **Spontaneität.** Da sie an kein Leben nach dem Tod glauben und das Gestern auf ewig vergangen ist, fokussieren Taoisten lieber auf das Existierende. Sich-gehen-Lassen hat mit der Spontaneität der Taoisten nichts gemein. In den alten Schriften heißt es: Willst du deine Lebensenergie bewahren, «musst du frei von Begierden sein, in klarer Offenheit und Heiterkeit verweilen und dich jedes impulsiven Handelns enthalten». Spontan bedeutet also: handeln in Übereinstimmung mit dem eigenen Wesen und den Gesetzen des Tao. Stimmt das eigene Verlangen mit dem Wandel überein, entstehen keine Probleme. Darum setzen sich Taoisten auch keine großspurigen Ziele – viel zu viel kann dazwischenkommen, und dann entsteht eine starke Spannung zwischen den realen Umständen und dem unerfüllten Streben.

- **Nichts zurücklassen.** Wenn ein Taoist diese Welt verlässt, wünscht er, keine Spuren oder Reste zurückzulassen. Keine unbefriedigten Begierden, keine offenen Rechnungen, keine Wut und keinen Ärger. Auch keinen Abfall. Je mehr Generationen auf diesem Erdenrund sich zu verewigen trachten, umso größer ist das Belastungspaket, mit dem neue Generationen antreten. Der weise Mensch, empfiehlt Lao Tse, nimmt an, was ihm der Augenblick bringt, und lässt es wieder gehen, da man sich zuletzt an nichts klammern kann.

Übung 2

Versuchen Sie einmal, Ihren *idealen Tag* auszumalen – einen Tag, der so erfüllt ist, dass Sie ihn gern auf immer wiederholen würden. Geld und derzeitige Lebensumstände spielen keine Rolle. Ihren Wünschen sind keinerlei Grenzen gesetzt. Überlegen Sie sorgfältig, was so alles in diesen Tag hineingehört, was Sie unbedingt machen möchten. Machen Sie bitte eine schriftliche Notiz über den genauen Inhalt und Ablauf; wir kommen später darauf zurück.

Prinzipien taoistischer Weltanschauung

Wer sich selbst besiegt, ist stark.

LAO TSE, Kapitel 33

Der tief im Amazonasdschungel verborgen lebende Stamm der Piraha treibt die Sprachforscher zur Verzweiflung, da seine Mitglieder total in der Gegenwart leben und in ihrer seltsamen Summ- und Pfeiflautsprache keine Vergangenheitsformen kennen. Nicht einmal bis drei können sie zählen. Da nur das konkrete, individuelle Erleben zählt, kennen sie keine abstrakten Begriffe. Dem britischen Ethnologen Daniel Everett von der Universität von Manchester, der längere Zeit mit dem Stamm verbracht hatte, fiel auf, dass die Piraha es lieben, einfach dazusitzen und sich überraschen zu lassen, wer wohl aus dem Dschungel kommt. Sind sie deswegen «primitiv»? Sollten wir sie mit Gewalt «aufklären» und in die Zivilisation zerren, weil es ihnen dann «besser» ginge? Nur Ideologen, Missionare und Geschäftemacher denken so. In Wirklichkeit kennen die Piraha jedes Tierverhalten und jede Pflanze im Dschungel – sie kennen also ihre Umwelt wesentlich besser als wir unsere. Und es mangelt ihnen keineswegs an Zufriedenheit. Was also fehlt ihnen?

Der Weg der Natürlichkeit

Das Tao, die natürliche Ordnung, widerspiegelt sich in allem Seienden, ist gegenwärtig im gesamten Kosmos und auch in uns selbst – es äußert sich im Lauf der Sterne als Naturgesetz, aber auch als existenzielles Bewusstsein in uns. Biologen, die Leben aus ein paar chemischen Substanzen erklären möchten, gehen fehl: Leben ist mehr als das zufällige Zusammentreffen von Chemikalien. Atome und Moleküle mögen sich formelgemäß binden, doch das genügt nicht, um ihnen Leben einzuhauchen. Wenn Evolutionsbiologen vom «egoistischen Gen» sprechen, müssten sie erst einmal erklären, wo der Existenzwille jeglichen Lebens herkommt. Und wenn Astrophysiker sich wundern, dass die Naturkonstanten genau jene Größe haben, dass das Weltall weder auseinanderfliegt noch kollabiert, können sie diesen «Zufall» nur durch eine zirkuläre Logik erklären: Das Universum ist so, wie es ist, weil es nur so sein kann, wie es ist.

Das älteste chinesische Ideogramm für «Tao» besteht aus drei Teilen – einem «Kopf» (steht für Yang/Himmel und Bewusstsein, manche meinen auch, für übermenschliche Einsicht), einem menschlichen «Fuß» (steht für Yin/Erde und damit unseren Körper beziehungsweise das tierische Erbe) sowie einem «Weg» (symbolisiert die Bewegung, den Wandel des Tao, aber auch den Lebensweg des Menschen). Das Zeichen «Tao» ist mithin auch ein Sinnbild für «ganzheitlich, allumfassend».

道

Wie Wasser zerrinnt uns das Tao aber zwischen den Fingern, sobald wir es konzeptionell zu erfassen versuchen. Man kann nichts darüber aussagen, da es jede menschliche Vorstellungskraft übersteigt. Damit ist auch unserem Erkenntnisdrang eine deutliche Grenze gesetzt, wie Tschuang Tse erklärte:

> *Wenn etwas seine Grenzen erreicht hat, kehrt es die Richtung um; wenn das Ende erreicht wird, beginnt der Anfang. Das ist alles, was durch die materielle Welt erwiesen wird, alles, was wir wissen und sagen können. Denn schließlich reicht unsere Erkenntnis nicht über das materielle Weltbild hinaus. Wer das Wirken des Tao beobachtet, versucht nicht, etwas bis zum letzten Ende zu verfolgen, noch, ihm bis zur letzten Quelle nachzuspüren. Hier endet jede Diskussion.*
>
> **Lin Yutang, S. 113**

Denn schließlich reicht unsere Erkenntnis nicht über das materielle Weltbild hinaus!

Interessanterweise kommen aufgeschlossene Geister allmählich zu derselben Einsicht. So stellte der Physiker, Mathematiker und Philosoph Mike Alder fest: «Wir wissen jede Menge über die Struktur der Materie auf kleinster (Quantum-)Ebene, aber es liegt jenseits unserer Verstehensfähigkeit ... Es ist durchaus möglich, dass unsere Gehirne es niemals verstehen werden können ...» («Philosophy Now», Heft 59/2007).

Das relativiert unsere linear denkende Fortschrittsgläubigkeit erheblich und deutet an, dass wir in Zukunft mit herben Rückschritten zu rechnen haben. Selbst einen erfolgreichen Großindustriellen wie den Henkel-Chef Ulrich Lehner scheinen bisweilen Zweifel zu befallen, wenn er in einem Interview mit einem österreichischen Handelsmagazin feststellte: «Wir arbeiten eigentlich erst, seit wir aus dem Paradies vertrieben worden sind. Bis dahin war die Welt noch in Ordnung» («Cash», April 2006). Lao Tse hätte es nicht anders gesagt.

Der Naturforscher und Autor Desmond Morris *(Der nackte Affe)* kam in einem Interview zu einem ähnlichen Schluss. Nachdem er betont hatte, primitive Gesellschaften keineswegs zu glorifizieren, gestand er: «Auf einer Insel im Pazifik helfen die Menschen einander; das Meer wirft genug ab, also brauchen sie keinen Wettbewerb. Sie halten uns Großstädter für etwas verrückt. Sie mögen Sex, Tanzen und Essen. Wenn man dasitzt und sie beobachtet, kommt man nicht umhin, sich zu fragen: ‹Wo sind wir in die Irre gegangen?›» («The Sunday Times», 23. April 2006).

Im Süden Thailands leben die Semang seit Tausenden von Jahren unverändert ein Leben als Jäger und Sammler im Urwald, in einer Art und Weise, als führte jeder eine Ausgabe des *Tao Te King* mit sich. Die zwei österreichischen Anthropologen Helmut Lukas und Kholed Hakami waren erstaunt, so gesunde Menschen vorzufinden, die übrigens ganz ohne High-Tech-Medizin eine ähnlich hohe Lebenserwartung haben wie wir. Außerdem arbeiten die Semang – ganz dem taoistischen Ideal entsprechend – bewusst wenig und genießen ihr Dasein. Was den beiden Forschern noch aufgefallen war: Die Semang kennen keinen Neid (Teilen ist in der kleinen Stammesgruppe so selbstverständlich, dass sie für Eigentum kein eigenes Wort brauchen). Rechte sind unmittelbar mit Pflichten gekoppelt – das gilt selbst für Kinder.

Kultur ist immer eine Art Gegenbewegung zur Natur. Freud vertrat die Auffassung, dass alles kulturelle beziehungsweise künstlerische Schaffen nur durch eine Unterdrückung unserer Triebbedürfnisse möglich sei. Erich Fromm argumentiert in seinem Buch *Die Kunst des Liebens* ähnlich: dass der Mensch fortschreitet, «indem er seine Vernunft entwickelt, indem er eine neue, eine menschliche Harmonie anstelle jener vormenschlichen Harmonie findet, die unwiederbringlich verloren ist». Auch die großen Religionen registrieren das Phänomen der verlorengegangenen Harmonie, interpretieren diesen Umstand allerdings als Folge von «Gottesferne» und «Abfall vom Glauben».

Die frühen Taoisten waren bekannt als Entdecker und Erfinder, aber an dieser Stelle würden sie innehalten und Erich Fromm fragen:

Eine *neue Harmonie*? Ist nicht die menschliche Geschichte von Jahrhundert zu Jahrhundert blutrünstiger geworden? Ist es nicht gerade unser Bedürfnis nach Selbsterhöhung, das uns immer wieder zu mörderischem Wahnsinn verleitet? Die modernen Religionen wie Islam und Christentum treiben die Umdeutung noch bunter, indem sie das «tierische Erbe» des Menschen als verderblich ablehnen (und damit auch das Dasein selbst), dem gegenüber als begehrtes Ziel ein reines Phantasieland («Jenseits») steht. Gibt es auch nur einen einzigen Beweis dafür? Tiere sind keine «Bestien». Sie töten nicht aus Vergnügen, Machtrausch, Missionsdrang oder um sich zu bereichern. Ist es nicht gerade die – von den Religionen noch angeheizte – Vertreibung aus unserem instinktiven Paradies, die Neurosen und andere Übel erst so richtig zum Erblühen bringt?

Für Taoisten geht unser Wohlempfinden zuallererst vom Köper aus, weshalb sie viel Augenmerk auf Gesundheit, Kraft und Langlebigkeit legen. Sie leugnen keineswegs die Freuden des Geistes, erkennen aber klar eine Hierarchie: Um mich überhaupt an einem Buch erfreuen zu können, muss ich lebendig sein, und der Erhaltung dieser Lebendigkeit gilt die primäre Sorge. *Zuerst* das natürliche Dasein, dann das künstliche (Kultur). Seit wir begonnen haben, diese Wertehierarchie umzudrehen, geht es uns seelisch schlecht.

Die Gefahren – sowohl für die leibliche als auch die geistige Gesundheit –, die von einem wirklichkeitsfernen Denken ausgehen, werden von Lao Tse und Tschuang Tse wiederholt beschworen. Weswegen *Klarheit* unter den Prinzipien ganz vorn steht, während *Verwirrung* als größtes Übel gilt.

Auch wenn Taoisten dem Leben mit unerschütterlichem Gleichmut gegenüberstehen, der an die frühen Stoiker erinnern mag, teilen sie ganz und gar nicht deren Verachtung des Leibes. Die Anschauung, dass Leid immer von unserem hinfälligen Körper ausgehe und die wahren Freuden nur im Geist zu finden wären, findet sich in vielen Weisheitstraditionen. Davon setzen sich die Taoisten als lebensfroh und körperbetont deutlich ab. Sie sind mit einem angenehmen Dasein durchaus zufrieden. In der chinesischen Philosophie ist nicht nur das Denken körpergebunden (Gedanken entstehen im Körper, speziell im Herzen!), sondern ebenso die Seele. Wäre sie völlig unabhängig vom Körper, also ein reines «Geistwesen», worin bestünde dann die Verbindung zu unserem materiellen Dasein? Das Bewusstsein meiner physischen Existenz ist im Augenblick das einzig Gewisse; daher haben Taoisten in der Regel wenig Lust zu metaphysischen Spekulationen über ein «Leben» nach dem Tod; da streben sie lieber physische Langlebigkeit an.

Begrenzter Intellekt

Tschuang Tse stellt in Abrede, dass es allein die Vernunft ist, die uns innere Gewissheit zu verleihen vermag. Wer im Leben ständig nach dem Warum fragt, ist in einer Endlosschleife gefangen. Der Taoismus empfiehlt, die Dinge zu akzeptieren, wie sie eben sind. Das Herz sei als Spiegel zu gebrauchen, rät Tschuang Tse, der mit äußerster Klarheit wiedergibt, was geschieht. Im Vergleich dazu stiftet halbgares Wissen nur Verwirrung. Diese extreme Neugier – Wissen um des Wissens willen –, die wir im Abendland seit gut zwei Jahrtausenden pflegen, galt den beiden Meistern als höchst verdächtig. Für sie musste Denken in konkreter Relevanz zum alltäglichen Leben stehen; dahinter steckt kein intellektueller Mangel, sondern ein vorsätzliches Ablehnen nutzloser theoretischer Spekulationen.

Ihre tiefe Abneigung gegenüber dem Typus des Gelehrten «vererbten» sie später dem Zen-Buddhismus, der ebenfalls Natürlichkeit und Spontaneität den Vorzug gibt vor abstrakten Diskussionen. Gewahrsein ist etwas, das man erleben kann, aber nicht theoretisch begründen. Solange ich mich mit meinen Gedanken identifiziere (egal, in welch scholastischer Höhe), kann ich nicht wirklich frei sein.

Taoistische Philosophen verkannten durchaus nicht den Wert eines geschulten Verstandes (besonders Tschuang Tse war philosophisch geneigt) – aber sie waren sich der Grenzen rein intellektuellen Begreifens zu sehr bewusst, um ihm einen besonderen Wert zuzumessen. Lao Tse argumentiert im zentralen 20. Kapitel recht postmodern:

Was ist der Unterschied zwischen Ja und Nein?
Was ist der Unterschied zwischen Gut und Böse?

McDonald

Aber es klingt hier kein Werterelativismus an, sondern ein grundlegendes Misstrauen der Sprache gegenüber. Moral ist uns nicht angeboren, sondern sprachlich übermittelt. Wenn Diktatoren von «Freiheit» reden, um ihre autoritären Absichten zu tarnen, dann vernebelt das allmählich die Geister, die selten die Kraft haben, in permanenter Auflehnung zu leben – um wie viel bequemer ist es, sich anzupassen und unterzuordnen!? Auch wenn Lao Tse es nicht so formuliert hat, meint er es: Sprache und durch sie ausgedrückte Ideen formen unsere Vorstellung beziehungsweise Erwartung von der Welt.

Um aber in der Lage zu sein, *natürlich* und *spontan* zu handeln, muss man alle Voreingenommenheiten aufgeben, damit auch den analytischen Stolz, der zwangsweise immer bruchstückhaft bleibt und eine ganzheitliche Sicht verstellt. Selbst der oberintellektuelle Kant erkannte in seiner *Kritik der reinen Vernunft*, dass es in der Natur der menschlichen Vernunft liegt, durch Fragen animiert zu werden, besonders durch jene, die ihr Vermögen übersteigen.

Statt sich in intellektueller Haarspalterei zu verlieren, empfahl Tschuang Tse, dem «Dämonischen» in sich zu vertrauen, womit er die angeborenen Instinkte meint. Lao Tse äußerte eine ähnliche Meinung zu intellektuellem Streben um seiner selbst willen:

Je weiter man dem Wissen nachstrebt,
Desto weniger weiß man.
Darum weiß der Weise, ohne herumzulaufen,

Versteht, ohne zu sehen,
Vollendet, ohne zu tun.

Kapitel 47

Was der theoretischen Physik angemessen sein mag, ist nicht unbedingt für den menschlichen Alltag hilfreich. Man kann die Materie in immer kleinere Bestandteile zerlegen und endet dann ... im Nichts. Das Leben ist oft paradox und widersprüchlich; ließe man hier logischen Reduktionismus sich zum Herrscher aufschwingen, wären wir handlungsunfähig.

Philosophie als Lebenskunst

Chinesisches Philosophieren entstammt unmittelbarer Naturbeobachtung. Die alten Griechen waren ebenfalls exzellente Beobachter, aber ihre Aufmerksamkeit richtete sich auf die Materie, während die Chinesen mittels Innenschau das Gesetz von *Yin* und *Yang* und die Existenz des *Chi* entdeckten. Die Philosophen im Gefolge von Lao Tse gehen von einem einfachen Modell aus: Das Universum (= die Wirklichkeit) folgt unbeirrt und ohne Abweichung dem Tao, und wir Menschen sind ein Teil dieser Wirklichkeit, ohne hierarchische Bevorzugung. Welt/Leben läuft als dynamischer Prozess ab, an dem wir teilhaben, den wir aber weder vollkommen verstehen noch kontrollieren können. Eine «Philosophie der Lebenskunst» braucht keine breite theoretische Rechtfertigung oder Erkenntnistheorie – sie erfolgreich zu leben ist Beweis ihrer Richtigkeit. Das chinesische Denken ist in dieser Beziehung außerordentlich pragmatisch: Finden die Suchenden den inneren Frieden, den sie begehren?

Das «Urprinzip» des Tao vermögen wir nicht zu erkennen, durchaus aber seine Manifestationen. Die menschliche Kultur kann sich entwickeln, wie sie will – es gibt nichts, was der Eigengesetzlichkeit des Tao überlegen wäre. Wenn ein von Menschen ausgedachtes System dem «Lauf des Tao» folgt, funktioniert es und hält sehr lange; befindet sich ein Denksystem oder eine Gesellschaftsordnung im Widerspruch zum *Weg*, dann ist Starrheit, Verwirrung und Zerfall die Folge. Kein taoistischer Meister empfahl jemals, Menschen auf den *Weg* zu zwingen. Was im Umkehrschluss bedeutet, dass jedes Individuum dem *Weg* selbst folgen muss. Bevorzugt werden gelassenes Hinnehmen und weises Verstehen der Wirklichkeit vor jeglicher Theoriebildung. Der Herausgeber Raymond van Over schrieb in seiner Einleitung zu *Taoist Tales* (1973): «Taoisten sind Nonkonformisten – beinahe von Natur aus, wie es scheint –; sie sind intellektuelle Bienen, die alles in Frage stellen, nichts glauben, alles akzeptieren.»

Nicht für jeden geeignet ...

Um die geistige und weltanschauliche Position der Taoisten für einen heutigen Blickwinkel etwas anschaulicher zu machen, folgt in diesem und dem nächsten Kapitel eine Reihe von Anschauungen, die ziemlich typisch für Tao-Anhänger aller Schattierungen sind. Die Leser seien hier noch einmal erinnert: Taoisten biedern sich niemals dem Zeitgeist an, keiner Religion oder Politik oder sonstigen Ideologien! Um sich zu schützen, sprechen sie daher auch nie über ihre Haltung. Im alten China konnte man Anhänger mancher taoistischer Sekten an ihrer Aufmachung erkennen, in der heutigen Welt halten sie sich ziemlich bedeckt. Dahinter steckt kein Verfolgungswahn, sondern die schlichte Einsicht, dass man über die tiefen Weisheiten des Lao Tse nicht debattieren kann. Man kann sie zerreden – aber was brächte das? Da der Taoismus mit den ihn umgebenden Kulturen spirituell nicht übereinstimmt, wäre es töricht, missionieren gehen zu wollen – damit riefe man Widerstand und Nachstellungen hervor, die ganz sicher die Lebenszufriedenheit deutlich beeinträchtigen. Sein Leben genießt man am besten stillschweigend!

Die Politik ist am Funktionieren einer umfassenden Gemeinschaft interessiert – unter diesem Aspekt werden dann die Regeln für den Einzelnen abgeleitet. Der Taoismus denkt genau umgekehrt: Wenn es allen Individuen gutgeht, geht es automatisch der Gemeinschaft gut. Also ist in den Augen des Lao Tse nur eine milde und weise Laisser-faire-Regierung angemessen. Wird damit klammheimlich eine Form von Anarchismus propagiert? Nur in einem sehr begrenzten Sinn. Weder befürworten Freunde des Tao gewaltsame Umstürze, noch leugnen sie die Realität, in der es Anführer und Nachfolger und kriegerisch gesinnte Nachbarstämme gibt. Taoisten und Anarchisten ist allerdings eine tiefe Ablehnung von angemaßter Autorität gemeinsam; Erstere gehen aber davon aus, dass es eine «natürliche» Autorität gibt, die sich verständnisvoll und sanft äußert. Da das *Tao Te King* auch als eine Art Handbuch für weise Herrscher gedacht war, ist es voll mit einschlägigen Empfehlungen:

Ich tue nichts, und das Volk wird von selbst gebessert.
Ich liebe die Ruhe, und das Volk ist von selbst rechtschaffen.
Ich mache keine Geschäfte, und das Volk wird von selbst reich.
Ich habe kein Begehren, und das Volk wird von selbst schlicht und ehrlich.

LAO TSE, Kapitel 57

Anmerkung: Das «nichts tun» in der ersten Zeile ist keine Anleitung zur totalen Passivität, sondern ein Hinweis, nicht gegen den natürlichen Fluss der Dinge zu handeln.

Hinter Lao Tses Worten steckt eine kluge Einsicht, bei uns bekannt unter dem Sprichwort: «Der Fisch fängt immer am Kopf zu stinken an.» Wo Utopisten die «ideale Gesellschaft» mit mehr oder minder autoritären Mitteln durchsetzen wollen, weil sie davon ausgehen, dass des Menschen angeborene «Wildheit» diszipliniert werden müsse, meinen Taoisten, dass aus jeder zwanghaften geistig-moralischen Umformung nur Übles entstehen kann. Das *gute Leben* ist für uns eines, das der eigenen Natur gemäß ist, frei von äußeren Einmischungen.

Der Unterschied ist grundlegend und gravierend: Taoisten akzeptieren und bejahen unsere tierische Herkunft (finden darin die Basis für unser Wohlbehagen), während alle anderen Philosophien und Religionen uns von diesem Erbe unter Zwang entfernen wollen («veredeln»). Ein Erlösungsgedanke kommt im Taoismus nicht vor – wovon sollte der Mensch erlöst werden? Vom Leben hier und jetzt, dem einzigen, das wir haben? Angestrebt wird ein freudiges, zufriedenes Dasein in diesem rundlichen und alternden Körper … und nicht in phantasierten Zuständen/Welten. Da wir mit Intellekt und Selbstbewusstheit ausgestattete Wesen sind, fällt uns diese Natürlichkeit leider nicht von selbst zu – sie muss errungen und gepflegt werden.

Aus linker Sicht ist der Taoismus elitär und konservativ, da er progressive Sozialtheorien ablehnt. Der britische Philosoph Michael Oakeshott charakterisierte Konservativismus einmal so: «Konservativ sein heißt, das Vertraute dem Unvertrauten vorzuziehen, das Erprobte dem Unerprobten, Fakten den Mysterien, das Tatsächliche dem Möglichen, das Begrenzte dem Unbegrenzten, das Nahe dem Fernen, das Genügende dem Superüberfluss, das Angemessene dem Perfekten, das Lachen hier und heute der Utopie von morgen.»

Falls dies eine zutreffende Charakterisierung ist, dann ist mit Sicherheit jeder Taoist konservativ, denn im *Tao Te King* lassen sich entsprechende Passagen finden. Wie Oakeshott lehnen auch Taoisten die «gemanagte Gesellschaft» ab, die sich bemüßigt sieht, ihren Mitgliedern Lebensziele vorzugeben.

Dennoch wird aus konservativer Sicht die Weigerung, sich für den Größenwahn politischer Führer aufzuopfern, wohl auf Ablehnung stoßen. Nur weil etwas althergebracht ist, ist es nicht automatisch wahr. «Gottgegeben» ist nicht dasselbe wie «dem Tao folgen». In der Tat sind Taoisten weder von ihrem Denken noch Verhalten her einer bestimmten Tradition verpflichtet (was für den religiösen Taoismus allerdings nicht zutrifft). Es gibt dazu ein altes taoistisches Sprichwort: «Das Herz des Philosophen ist wie ein ruhiger See, ungestört durch die Winde der Politik.»

Ein Wort noch zur angeblichen Volksferne der Taoisten, die eifrige Kommunisten so auf die Palme brachte. Lao Tse merkte im 70. Kapitel scheinbar rätselhaft an:

Meine Lehren sind sehr leicht zu verstehen
Und sehr leicht auszuüben.
Aber niemand kann sie verstehen,
Und niemand kann sie ausüben.

Ein paar Zeilen weiter erläutert der Meister, warum das so ist: weil niemand das Tao und dessen Wirken studiert. Der Vorwurf, der Weise wäre absichtlich wolkig in seinem Ausdruck gewesen, trifft keineswegs zu; ein Mathematiker ist auch nicht «nebulös», nur weil Nichtmathematiker die Formeln nicht verstehen können. Dennoch gehört das *Buch vom Tao* zu den meistgedruckten und -gelesenen Texten der Welt. Instinktiv spüren viele Leser die Wahrheit in diesen Worten, wenngleich der wirkliche Gehalt ohne tiefe eigene Erfahrungen oder Vermittlung durch einen Meister kaum vollständig zu begreifen ist. Prinzipiell ist jeder Mensch befähigt, das Tao zu verstehen, denn wäre es nicht in einem angelegt, könnte man es ohnehin nicht erfassen. Intellektuell lässt sich das Tao allerdings nicht bewältigen, weshalb Rationalisten hier nicht gut bedient werden.

Andererseits ist der echte Taoismus auch nichts für eingeschworene New-Age-Anhänger. Der Lauf des Tao ist absolut wie ein Naturgesetz und kann nicht durch Debatten umgelenkt werden. Daher die oft gehörte Warnung: Auf den Taoismus lässt sich keine Massenbewegung gründen. Taoisten wollen vor allem *Klarheit* gewinnen – auch auf Kosten vieler vertrauter Anschauungen. Letztlich ist der Taoismus nur für jene Individuen geeignet, die sich weder von vorherrschenden Moden noch durch Einsamkeit von der Suche abhalten lassen.

Dem Spott ausgesetzt

Lao Tse beobachtete vor mehr als zweitausend Jahren:

> *Wenn die niederste Menschenart vom Tao hört,*
> *Bricht sie in Gelächter aus.*
> *Wenn es nicht verlacht würde, wäre es nicht das Tao.*

Kapitel 41

Das ist eine einfache Beobachtung. Da steckt keinerlei Überlegenheitsgefühl oder soziale Abgrenzung dahinter. Taoisten sind keine Mitläufer, sie lassen sich nicht sozialideologisch vereinnahmen. Ihr Freiheitsdrang gilt den Linken als rechts, ihre Abneigung gegen Besitz und Reichtumsanhäufung macht sie in den Augen der Rechten zu Anarchisten. Weder teilen sie die politischen Utopien der Weltverbesserer, noch bedürfen sie der Tröstungen der organisierten Religionen. Für die Sozialritter der seligmachenden Gleichstellung sind sie gefährliche Reaktionäre, für religiöse Fundamentalisten heidnische Naturverehrer.

Wer würde sich schon heute mit Tschuang Tse zu sagen getrauen:

> *Und was ich gut nenne, ist nicht die sogenannte Menschlichkeit und Gerechtigkeit, sondern die Erfüllung der Lebensinstinkte.*

Tschuang Tse, Lin Yutang, S. 109

Da Taoisten keine Macht oder politische Herrschaft anstreben, andererseits auch niemandem Macht über ihr Denken und Empfinden zugestehen und keine Orientierung von Leitfiguren brauchen, ist ihre «natürliche» Stellung zwischen allen Stühlen …

Das Tao und die Welt

> *Das Tao auf der Welt ist Flüssen vergleichbar, die ins Meer fließen.*
>
> **Lao Tse, Kapitel 32**

Dies soll ein praktisches, im Alltag anwendbares Buch sein, weshalb nur wenige Ausflüge in die Metaphysik vorkommen. Um einen verbreiteten Irrtum vorweg zu klären: TAO hat nichts mit «Gott» zu tun, ist nicht bloß ein chinesisches Wort für einen uns geläufigen Begriff. Es ist zwar richtig, dass ohne Tao nichts im All geschieht, dennoch wäre es verfehlt, sich das Tao als einen «schöpferischen Gott» vorzustellen. Tao ist keine allwissende Instanz, noch kümmert sich das Tao um das, was wir Menschen tun oder glauben. Vielleicht ist es am einfachsten, Tao als «Dynamik» zu denken.

Das derzeit vorherrschende Weltbild, wonach aus dem reinen Nichts plötzlich ein großer, heißer Plopp auftauchte und das Universum zum Entstehen brachte und sich das «Ding» seither ausdehnt und Materie absondert, die in einer absolut unwahrscheinlichen Serie von Zufällen Leben beziehungsweise den Menschen hat entstehen lassen, ist an Phantastik kaum zu überbieten. Gestand ein Professor für Astrophysik am Ende eines langen Artikels im Wissenschaftsmagazin «NewScientist»: «In gewisser Weise sind wir über den Beginn des Universums verwirrt wie eh und je. Aber vielleicht sind wir jetzt auf einem höheren Niveau und aus besseren Gründen verwirrt.»

Wenn absurde Zufälle Leben erzeugt haben, bleibt dennoch die Frage unbeantwortet, was *genau* Materie belebt. Kein Wissenschaftler kann aufgrund der vorherrschenden Theorien erklären, was *essenziell* einen toten von einem lebenden Menschen unterscheidet. Ärzte können auf ihre Monitore starren und feststellen: Das Herz hat zu schlagen aufgehört, wir können keine Gehirnwellen mehr registrieren, ergo ist dieser Mensch tot. Doch Gehirnaktivitäten und der Herzschlag sind *Funktionen*, nicht Ursachen. Was genau bestimmt, dass die «Funktion Leben» von einem Moment zum anderen aufhört? Was hat sich also fundamental geändert, wenn ein Mensch in diesem Moment noch am Leben ist, einen Augenblick später aber tot? Was ist es, das uns im Augenblick des Todes «verlässt»?

Die alten chinesischen Weisen, in der Tiefe ihrer Naturbeobachtung unübertroffen, entdeckten, dass ein energetisches Prinzip – genannt *Chi* (sprich: *Dschie*) – in allem Dasein enthalten ist. In einem Lebewesen tritt *Chi* als Vitalkraft in Erscheinung; hört sie zu zirkulieren auf, ist jegliches Leben gewichen. Es gibt gute Gründe zur Annahme, dass einige Kampfkunstmeister des Altertums eine Technik beherrschten, bei der durch einen kurzen, harten Schlag auf bestimmte Punkte des Körpers (die je nach Tageszeiten wechseln) sofort Übelkeit, Ohnmacht oder gar Tod die Folge sein konnten. Die Medizin kennt keine einzige biologische Funktion, die diese Reaktionen erklären würde.

Wissenschaft kann wägen und messen und das Vorhandensein von Naturgesetzen bestätigen, aber keine Antwort auf das Weshalb geben. Physikern bleibt nur, darüber zu staunen, dass das Weltall so gut «ausbalanciert» ist. Dieses «So muss es sein» ist Tao. Eine Art «Urgesetz», dem zufolge alles Existierende abläuft. Aber, wie gesagt, dahinter steht kein abwägender Gott, der sich in menschliche Belange einmischen würde. Wenn religiöse Taoisten zu ihren Gottheiten beten, dann sind diese Götter «Prinzipien» und keine «Stellvertreter» des Tao (so wie sich Christen Jesu als einen Stellvertreter Gottes auf Erden vorstellen); doch das ist nicht Thema des vorliegenden Buches.

Das *Tao Te King* beginnt mit den Worten:

Das Tao, das benannt werden kann, ist nicht das ewige Tao.

Rein philosophisch betrachtet ist das eine klare Absage an sämtliche Gottesbegriffe und Konzepte vom Göttlichen: Alle Bilder, die wir uns machen, alle Eigenschaften, die wir aufzählen, können den «Urgrund» nicht erschöpfen – sie sind menschengemacht und bleiben daher notwendigerweise in den Grenzen menschlicher Vorstellung stecken. Auch darf das Tao keinesfalls in irgendwelcher Weise als «persönlicher Gott» missverstanden werden – Tao steht der Welt und den Menschen durchaus gleichgültig gegenüber. Dennoch fließt alles Gute aus ihm. «Das Rollen des Donners und der heulende Sturm kommen ohne Absicht», schrieb der mythische Gelbe Kaiser. *Ohne Absicht!* Wenn die Bibel behauptet, Gott habe den Menschen mit einer bestimmten Absicht geschaffen (z. B., dass der Mensch in Furcht vor IHM erzittere und ihn untertänigst verehre), dann sagt das recht viel über die Erfinder dieses autoritären Gottesbildes aus, aber nichts über die Realität dieser Vorstellung.

Zu offensichtlich sind alle göttlichen Attribute menschengemacht. Der Wunsch nach einem übermächtigen Beschützerwesen, das unserem Flehen zugänglich ist, mag angesichts der menschlichen Malaise verständlich erscheinen, schafft deshalb aber noch keinen Wahrheitsgehalt. Weshalb Lao Tse weiter fortfährt: «Die Namen, die [einem Gott] gegeben werden können, sind keine absoluten Namen.» Denn wäre es so, würden alle Menschen denselben Gott verehren. Da dies nicht der Fall und keineswegs irgendeine Weltregion samt Bevölkerung «auserwählt» ist, müssen alle Gotteskonzepte *relativ* sein.

Wie könnten, fragt Tschuang Tse in seinem berühmt sarkastischen Tonfall, Wesen, deren Wissen und Verstehen offensichtlich begrenzt sind, das Unbegrenzte je erfassen? In einer anderen Variante: Wenn man das Ungeprüfte zur Prüfung einsetzt, prüft man nichts. Deshalb lautet eine Forderung des Taoismus: Eine *Philosophie* muss an ihren *Ergebnissen überprüfbar* sein.

Tao, der zentrale Begriff des chinesischen Denkens, bedeutet übersetzt nicht mehr als «Weg». Wo führt er hin? Nirgends, denn diese oft gehörte wortwörtliche Übersetzung trifft den Kern der

Sache nicht. Der Begriff «Tao» meint eigentlich, ein wenig krumm formuliert, «die Art, wie sich Dinge auf natürliche Weise von selbst entwickeln». Also nicht im Sinne eines Weges von A nach Z, sondern im Sinne einer Entfaltung mit endlosen Variationen …

Das «ewige Tao» steckt im Zentrum aller Dinge, alles, das je entstanden ist, kommt aus ihm und kehrt dorthin wieder zurück. Wer sich darunter eine «kosmische Geburtsmaschine» vorstellt, liegt nicht ganz falsch, steht aber vor dem Problem, in diese Vorstellung auch noch die «Ursache» dieser «Maschine» hineinzudenken: Das übersteigt eindeutig unsere Fähigkeiten, weshalb simple, mechanistische Modelle wie die Evolutionsbiologie immer nur einen *Ausschnitt*, aber niemals die Gesamtheit des Lebens erfassen können.

Zur Gesamtheit gehört zum Beispiel die Frage: Woher kommt der Überlebenswille, der die Evolution antreibt, den Biologen nolens volens als gegeben annehmen? Wer argumentiert, das Leben sei *zufällig* aus der kosmischen Molekularsuppe entstanden, findet darin auch nicht den allergeringsten Hinweis, warum dieses zufällige Konstrukt nicht postwendend in den Urschlamm zurückgesunken ist. Damit zufällig entstandenes Leben sich ans Leben klammert, braucht es ein weiteres Prinzip – woher kommt also der Antrieb, Leben am Leben zu erhalten? Und wie passt überhaupt unser menschliches Selbstgewahrsein da hinein? Wenn Bewusstsein Teil der Materie ist, warum empfindet es sich dann als getrennt davon?

Diese metaphysische Spekulation soll uns hier nicht weiter beschäftigen. Lao Tse löst dieses Dilemma ist seiner unvergleichlichen Art:

Jedes Wesen im Universum
ist ein Ausdruck des Tao.
Es beginnt seine Existenz
unbewusst, perfekt, frei,
nimmt Gestalt an
und lässt sie durch die Umstände formen.

Kapitel 51, Übersetzung Mitchell

Kurz gesagt: Mein Bewusstsein, die Welt und alles Existierende haben denselben Ursprung, stellen also eine Einheit dar.

Der bereits erwähnte erste Satz im *Tao Te King* verbirgt einen weiteren wesentlichen Hinweis: Außer dem «ewigen» Tao gibt es noch ein «zweites Tao», das zwar nicht grundsätzlich verschieden vom Urprinzip zu denken ist, im Gegensatz zu jenem aber für uns erfassbar ist. Wie? Im Naturablauf. Die zweckmäßige Ordnung der Natur, der ewige Prozess von Werden und Vergehen, ist Ausdruck des Tao. Das heißt, selbst wenn wir den Urgrund nicht begreifen, können wir dessen Wirkprinzip verfolgen.

Um das Wirken des Tao etwas fasslicher zu machen, haben die altchinesischen Weisen einige Prinzipien ausgearbeitet. Vier stehen im Zentrum aller taoistischen Anschauungen:

1. Es gibt kein Leben ohne eine belebende Kraft, genannt *Chi*.
2. Diese Kraft ist nicht statisch, sondern geht im ewigen Wechsel auf (*Yang*) und ab (*Yin*).
3. Jedes Lebewesen hat ein ihm innewohnendes eigenes Gesetz, genannt *Te*.
4. Sich nicht gegen diese Dynamik zu sträuben, sondern mit ihr zu fließen, genannt *Wu wei*, ist der beste Garant für ein zufriedenes Leben.

In der alltäglichen Anwendung lassen sich daraus eine Reihe von Hinweisen ableiten, wie man reibungsloser durchs Leben kommt. Sie stellen keineswegs moralische Anforderungen dar, bestenfalls Empfehlungen …

CHI, die alles durchdringende Kraft

Seid still, seid rein, missbraucht Euren Leib nicht, trübet nicht Eure Lebensessenz, und Ihr werdet immerfort leben.

TSCHUANG TSE, Lin Yutang, S. 171

Chi ist mittlerweile fast schon zu einem Alltagsbegriff geworden. Ob in Kung-Fu-Filmen oder bei Demonstrationen der Mönche aus dem Shaolin-Kloster – irgendwie hat *Chi* immer etwas mit «übermenschlichen Kräften» zu tun. In der Esoterikszene übt man sich im Handauflegen und meint, «Energie aus dem Kosmos» zu ziehen und in den Patienten zu überführen. Das ist alles ein wenig simpel gedacht, und Wissenschaftler sind zu Recht skeptisch, wenn wir physikalische Begriffe für etwas verwenden, das im Grunde sehr geheimnisvoll und genauso unerklärlich wie das Tao ist.

Chi ist die Grundkomponente allen Daseins. Eine Art «Kraft», die aus dem Urgrund hervorquillt und in allem enthalten ist, das existiert. Im Menschen äußert sie sich in Form von Lebensenergie. Alles, was in der Natur blüht und wächst, ist vom *Chi* durchdrungen. In «reiner» Form bleibt dieses schöpferische Potenzial geheimnisvoll und für uns kaum verständlich. Wir erleben *Chi* nur in einer manifesten Form, in einer Mischung aus aufbauenden (*Yang*) und zersetzenden (*Yin*) Kräften.

Erfolg im Leben hängt ebenfalls von der Menge der verfügbaren Vitalenergie ab; wenn jemand in der Politik oder in einem Unternehmen an die Spitze kommt und sich dort halten kann, hat das nach taoistischer Vorstellung wenig mit Fleiß zu tun, auch nicht mit Begabung. Das sogenannte *vorgeburtliche Chi* ist einfach ein Geschenk der Eltern beziehungsweise des *Himmels*. Soziologen, Psychologen, Motivationstrainer und Sozialpolitiker rätseln oft, was es einigen wenigen erlaubt, von ganz unten nach ganz oben zu gelangen. Politiker setzen auf Förderungsprogramme, Motivationsgläubige hoffen auf irgendein Verhaltensgeheimnis, Soziologen sind ratlos, und Psychologen wühlen in Persönlichkeitsmerkmalen; noch nie ist dabei eine echte Einsicht herausgekommen, denn die einzige Dimension, auf die es ankommt, ist ihnen unbekannt.

Für die große Mehrheit, die mit nur durchschnittlicher Vitalkraft auf die Welt kommt, ist dies vielleicht etwas niederdrückend. Die Taoisten kannten natürlich das menschliche Herz und seine Begierden; sie boten zwei Lösungen an: Entweder ist man bereit, sich einer lebenslangen, intensiven Schulung (*Chi Kung*) zur Steigerung der Energieaufnahme zu unterziehen, oder man geht mit den gegebenen Vitalvorräten bewusst sparsam um. Wer von Geburt an verhältnismäßig wenig *Chi* mitbekommen hat und ausschweifend lebt, stirbt früh, daran gibt es nichts zu rütteln. Dass ein Mann wie Elton John viele Jahre lang Exzessen frönen konnte und überlebte, ist ein Beweis seiner ungeheuren Vitalenergie (die ihn natürlich auch so weit nach oben hat kommen lassen – musikalische Begabung allein hätte nie gereicht).

Ich war einmal Zeuge, als unser Meister demonstrierte, wie *Chi* die Stimme energetisieren kann: Wir gingen nach einem Training im Park nach Hause; eine Dreiergruppe war rund 25 Meter voraus und in ein Gespräch vertieft. Sabomnim blieb stehen, legte die Hände trichterförmig um den Mund und wisperte den Namen des Studenten, der in der Mitte ging. Der stutzte, blieb stehen und sah sich suchend um, während wir, die wir unmittelbar neben dem Meister standen, kaum etwas hörten.

Ihre akzeptierende Haltung hielt Taoisten aber nicht davon ab, nach Wegen zu suchen, die Lebenskraft in sich zu stärken. *Chi* kann durch allerlei geschwächt werden, vor allem durch verwirrtes Denken und seelische Verzweiflung. Depressive sind immer energielos. Wer voller Energie ist, ist nicht depressiv. Traurig vielleicht oder melancholisch, weil das Leben nur selten ein Honigschlecken ist, aber niemals depressiv, auch unter schwierigen Umständen nicht.

Wer die Kontrolle über seine Gedanken verliert, beginnt zu grübeln und schwächt die Gesundheit. Die verbreitete Anschauung, es sei «normal», im Alter tattrig zu werden, teilen Taoisten ganz und gar nicht. Sie verweisen auf die Fauna, wo es keine siechenden Tiere gibt. Ein Tier ist bis zuletzt fit und gesund, denn ist es das nicht, wartet nirgendwo ein Arzt oder eine Versorgung im Altersheim.

Die Psychoimmunologie versucht neuerdings, den Zusammenhang zwischen Denken/Gefühlen und dem Zustand des Immunsystems auf die Spur zu kommen. Leider fehlt ihren Theorien das letzte Verbindungsstück, auf welche Weise immaterielle Gedanken einen Einfluss auf den materiellen Körper haben können; zeitgeistgemäß suchen sie diese Wirkungsweise im Gehirn, doch im neuronalen Funkenregen werden sie immer nur *Folgen*, nie Ursachen finden. Die Verbindung zwischen Gedanken und körperlicher Reaktion stellt unsere Lebenskraft dar, sie lässt sich aber nicht messen, ist nicht «labortauglich», muss daher aus jeder naturwissenschaftlichen Betrachtung ausgeschlossen bleiben. Was die Anhänger des Lao Tse nicht weiter berührt.

Aber hier soll es nicht um Wundertaten, sondern grundlegende Prinzipien gehen. Babys besitzen einen perfekten inneren Energiekreislauf, bevor sich die Fontanelle am Kopf schließt (die bei langem und intensivem *Chi*-Training wieder aufgehen kann, wie wir uns am Schädel unseres Meisters durch Abtasten überzeugen konnten). Lao Tse beschrieb diese Wirkung im 55. Kapitel:

> *Wer mit dem Tao in Harmonie ist,*
> *ist wie ein neugeborenes Kind.*

Wie erwähnt, hat dies nichts mit «kindlicher Unschuld» zu tun, die in der Bibel gepriesen wird – hier geht es um die Unversehrtheit der Lebenskraft, die durch falsche Lebensweisen und inneren Stress stark gemindert werden kann. Es ist nicht nur der Körper des Neugeborenen, der weich ist, auch der Geist ist plastisch und beeindruckbar.

Seine Knochen sind weich, seine Muskeln schwach,
dennoch ist sein Griff kräftig.
Es weiß nichts über die Vereinigung
von Mann und Frau,
dennoch kann sein Penis strammstehen,
so stark ist seine Vitalkraft.
Es kann den ganzen Tag lauthals schreien,
ohne je heiser zu werden,
so perfekt ist seine Harmonie.

Übersetzung Mitchell

Übersetzer und Kommentatoren heben an dieser Stelle gern das Tao hervor, aber im Grunde geht es um den *Chi*-Kreislauf.

Um den Schäden, die Erziehung und Kultur einem jeden Menschen zufügen, gegenzusteuern, haben Taoisten neben einer geeigneten Philosophie entsprechende Übungen (*Chi Kung*, Meditationen usw.) entwickelt, die den Menschen das Wiedererkennen des Tao erleichtern.

Schließe deinen Mund,
verriegle deine Sinne,
nimm deine Schärfe zurück,
löse deine Knoten,
mildere dein Starren,
lasse dich nieder.
Das ist das ursprüngliche Wesen.

Lao Tse, Kapitel 56, Übersetzung Mitchell

Dynamische Harmonie: Yin & Yang im Wechselspiel

> *Sein und Nichtsein hängen im Werden voneinander ab; schwierig und leicht hängen in der Durchführung voneinander ab.*
>
> LAO TSE, **Kapitel 2**

Der legendäre Gelbe Kaiser, verehrt als Vater der chinesischen Medizin, stellte fest: «Das Prinzip von *Yin* und *Yang* bildet die Basis des gesamten Universums.» Alles Existierende untersteht diesem Prinzip, vom toten Gestein bis zum komplexen Menschen. Einige Beispiele:

Yin	Yang
weiblich	männlich
passiv	aktiv
wartend	drängend
sorgend	kämpfend
zersetzend	aufbauend
sammelnd	zerstreuend
spontan	planend
intuitiv	logisch
gebend	nehmend
flach	herausragend
langsam	schnell
stumpf	scharf
dunkel	hell
trüb	klar
kalt	heiß

Der Himmel gilt als reines *Yang*, die Erde als reines *Yin*. Wichtig ist, sich zu vergegenwärtigen, dass diese Pole nur in der Theorie voneinander getrennt sein können; im Leben existieren sie nur in einer «Mischung».

Die Dynamik dieser Polarität bewirkt, dass im gesamten Universum nur eine Sache von Dauer ist: der Wandel. Das ewige Spiel der Kräfte ist in Form von Tag und Nacht oder dem Wechsel der Jahreszeiten anschaulich zu erleben. Etwas dehnt sich aus bis zur maximalen Größe, dann schrumpft es wieder. Etwas erhitzt sich, dann kühlt es ab. Nun besteht in der taoistischen Mystik ein ganz besonderer Sachverhalt zwischen dem Himmel und der Erde: Ihr Austausch schafft die «zehntausend Dinge», zu denen auch der Mensch gehört, der aber eine besondere Stellung hat: Er agiert als Verbindungsglied zwischen Himmel und Erde, einem elektrischen Leiter ähnlich. Wobei aber eine klare Hierarchie besteht. Der Mensch, sagt Lao Tse im 25. Kapitel, folgt der Erde; die Erde folgt dem Himmel, der Himmel folgt dem Tao, und das Tao folgt nur sich selbst.

Die tiefe philosophische Idee besteht darin, einen Ausgleich zwischen den Kräften zu schaffen. Mit «Himmel» meinen die Taoisten nicht nur eine unerschöpfliche Quelle von *Yang*-Vorrat, sondern auch das blaue Himmelsgewölbe über uns – und dieser konkrete Himmel ist keineswegs stabil, er kann einen Überschuss an *Yang* produzieren, dann entgleist das Wetter. Ebenso produziert zu viel *Yin*-Trägheit in der Erdkruste Beben und Vulkanausbrüche.

Himmel, Erde und des Menschen Geist/Herz sind ständig in Bewegung. Oberstes taoistisches Ziel ist eine Harmonie aller Kräfte, die sich im Frieden unter den Menschen und einem stabilen Umfeld ausdrückt. Die beste Art und Weise, dies zu erreichen, ist tiefe innere Zufriedenheit. Diese Zufriedenheit findet man, wenn man ein einfaches, bescheidenes Leben führt und dem Weg der Natur (= Erde/*Yin*) folgt und sein Schicksal (= Himmel/*Yang*) akzeptiert. Um dies zu bewältigen, muss man die Natur des Wandels verstehen, dass jede Geburt einen Tod nach sich zieht.

Was man in bestimmten Situationen konkret tun kann, empfiehlt das *Buch der Wandlungen*. Wenn *Yang* zur äußersten Fülle gelangt ist, weiß der aufmerksame Beobachter, dass der Prozess sich umkehrt und die aufbauenden Kräfte sich so lange erschöpfen, bis äußerstes *Yin* erreicht ist. Richard Wilhelm: «Der Lauf des Schöpferischen verändert und gestaltet die Wesen, bis jedes seine rechte, ihm bestimmte Natur erlangt.»

Yang hat immer die Leitung, ist aber keineswegs wichtiger als das empfangende *Yin*. Ist *Yin* übermächtig, rät das weise Buch, nichts zu unternehmen, sondern auszuharren und den Kräften nachzufolgen.

Den Zustand von *Yin* und *Yang* zu beobachten soll einen befähigen, nicht nur zu wissen, *was* zu tun ist, sondern auch, *wann* etwas zu tun ist. Wir im Westen sind voller Bewunderung für energisch zupackende Menschen. Diese harte Kraft ist letztlich nicht stark, sondern zerbricht. Die frühen Taoisten nahmen gern den nachgiebigen Bambus zum Vorbild, der zwar weitaus schwächer als eine Eiche ist, aber durch seine Elastizität dem stärksten Sturm widersteht und sich danach elegant zurückbiegt. Das ist genau jene (im Grunde eher weiblich zu nennende) Stärke, die Taoisten schätzen. Darum bewunderten sie auch die (hingebende) sexuelle Kraft der Frau, die jeden noch so feurigen Angriff des Mannes überdauert. Männer können sich sexuell verausgaben, während Frauen durch Sex an Stärke gewinnen.

In unserer ungeduldigen Hektik und dem ganzen Aktionswahn geht die Weisheit der Passivität, Hingabe und des Ausharrens völlig verloren – die Folgen sind tiefe Verwirrung und zunehmende seelische Krankheiten. Ist es nicht eigentlich überraschend, dass mit steigendem Wohlstand (= eine Folge des zunehmenden *Yang*) auch die Unzufriedenheit (= *Yin*) zunimmt? Auch wenn wir nach außen hin friedlich erscheinen, sind wir es innerlich nicht – wir kämpfen um Ansehen, Jobs, Vorteile, Besitz und Einfluss. Der Ehrgeiz ist aggressiv und kann eine Gemeinschaft ebenso ruinieren wie ein blutiger Krieg mit den Nachbarn. Derweilen überhitzen unsere auf Arbeit, Konsum und Vergnügen ausgerichteten Gesellschaften völlig: Nur die Depressiven, Alten, Schwachen und Arbeitslosen übernehmen (unfreiwillig) die Aufgabe des *Yin*. Der *Yang*-Überschuss des fortwährenden Aufbauens und Schaffens und Raffens wird sich auf Dauer nicht halten können … «Der Geist wird durch äußere Dinge beschleunigt», schrieb der Gelbe Kaiser in seinem kurzen Text *Yin Fu*, «und stirbt durch exzessives Verlangen.» In diesem Stadium ist die gesamte westliche Welt nun angelangt.

Das alles ist bereits mit freiem Auge zu erkennen, und kein politisches Manifest und keine Ausweitung von Rechten wird zu einem Gleichgewicht zurückführen.

Die traditionelle Aufteilung der Gemeinschaft in männliche Rollen (*Yang*) und weibliche Rollen (*Yin*) folgte dem Vorbild der Natur und hatte daher größere Chance auf Harmonie. Wenn die Frau heute angehalten ist, maximale berufliche Aktivität zu entfalten (also ein *Yang*-geprägtes Leben zu führen), dann kann in einer Ehe nur Harmonie herrschen, wenn der Partner die ausgleichende *Yin*-Rolle übernimmt. Schrieb eine Journalistin angesichts der Überbelastung der Frauen enttäuscht: «Im modernen Großbritannien hat sich die Frau im Namen von Gleichheit und Hypothekarkredit und Ähnlichem vermännlicht, aber der Mann hat die Vollendung des Geschlechtertausches und seine Feminisierung im Haushalt verweigert» («The Sunday Times», 25. Februar 2007). Wozu so eine Umkehr überhaupt gut sein soll, fragt besser niemand – der nackte ideologische Wahnsinn wäre zu deutlich sichtbar. Wie aufreizend klingt im Vergleich dazu Tschuang Tses Rat: «Lasst die Dinge ihren natürlichen Lauf nehmen …»

Unsere Kultur sieht Stärke nur im *Yang*; ein starkes *Yang* verlangt aber nach einem starken *Yin*, und ein starkes *Yin* zeichnet sich eben *nicht* durch externe Aktivitäten und forciertes Erfolgsstreben aus. Wer *Yang* betont und *Yin* ausschließt, wird alsbald unter physischer, emotionaler und geistiger Krankheit leiden. Wenn in einer Partnerschaft beide hitzig sind, geht sie auseinander, weil die geduldig bewahrend-ausgleichende Kraft des *Yin* fehlt (wobei es letztlich egal ist, von

WWW.KOONS-IN-FRANKFURT.DE

Liebieghaus
SKULPTUREN
SAMMLUNG

Koons Familie plus Liebieghaus

Preis: 0,00 €

LIEBIEGHAUS SKULPTURENSAMMLUNG SCHAUMAINKAI 71 60596 FRANKFURT AM MAIN
WWW.LIEBIEGHAUS.DE DI, FR–SO 10–19 UHR, MI + DO 10–22 UHR

23 PRAC-ITX-VS

085040

08.08.2012 10:59 KasseTipp Herr/Frau Kassi

Druck: Beckerbillett Hamburg (0512)

JEFF KOONS
LIEBIEGHAUS 20. JUNI – 23. SEP. 2012

welcher Seite sie kommt). Das gilt auch für ganze Gesellschaften. Wenn der Finanzminister verlangt, alle Erwachsenen sollten voll werktätig außerhalb des Hauses sein, wird dadurch das Refugium, in dem wir uns erholen (= *Yin*-Funktion) entscheidend geschwächt. Dann werden die Menschen unruhig, und statt nach der Arbeit in ihre Kemenate heimzukehren, stürzen sie sich erneut in Aktivitäten. Dermaßen aufgerieben, sind chronische Erschöpfungszustände und Depressionen unvermeidlich.

Traditionelle Gemeinschaften waren in ihrer Anordnung den heutigen insofern überlegen, als von Natur aus Männer eher zu einem *Yang*- und Frauen zu einem *Yin*-Schwerpunkt tendieren (wiewohl natürlich beide Geschlechter beide Pole in sich tragen). Zufriedenheit ist aber nur garantiert, wenn man überwiegend das tut, wonach es einem von selbst hinzieht. Leider erstarren gesellschaftliche Systeme nach einer gewissen Zeit, sodass aus einem naturgegebenen Unterschied dann Vorrechte entstehen.

Natürlich gibt es Frauen mit starkem *Yang*-Anteil, die zum Führen geboren sind, und Männer mit *Yin*-Überschuss, die gern dienen: Diese in verkehrte Rollen zu zwingen wäre falsch. Margaret Thatcher etwa war ein Mensch mit starkem *Yang*; wenn nun Feministinnen sich mit Gleichheitsparolen wappnen und die Hälfte aller Führungspositionen in Wirtschaft und Politik per Gesetz für Frauen reserviert halten wollen, dann beweisen sie, wie wenig sie vom Tao verstehen.

Auch unter Männern ist die überwiegende Zahl *nicht* für Führungsrollen geschaffen. Eine Studie der Universität von Texas im Jahre 2006 wies nach, dass das Hormon Testosteron beim Streben nach Macht eine entscheidende Rolle spielt. Eigentlich ganz logisch. Doch die Forscher waren ob des Ergebnisses ganz verwundert, weil ihre darwinistische Ideologie sie etwas anderes erwarten ließ – dass jeder Mensch unentwegt nach Macht strebe. Was nicht der Fall sein kann. Früher quittierte man eine derart weltfremde Anschauung mit dem spöttischen Spruch: lauter Häuptlinge, keine Indianer. Wenn alle Mitglieder einer Gesellschaft fortwährend in Statuskämpfe verwickelt sind, kommt dabei nicht viel heraus.

Als die Studie veröffentlicht wurde, flatterten einige Feministinnen aufgeregt herum, da Frau bekanntlich weniger Testosteron hat als Mann, was aber zur Forderung von «mindestens 50 Prozent der Führungspositionen» nicht recht passt. *Yin* kann durchaus über *Yang* dominieren, wie Partnerschaften seit der Frühgeschichte demonstrieren. Nur dominiert *Yin* eben *nicht* auf *Yang*-Art: extrovertiert, laut, hitzig, aggressiv, nach Statussymbolen gierend, andere unterdrückend.

Yin drückt sich aus durch Hingabe, Geduld, Mäßigung, Ausdauer, Nähren und Pflegen – lauter Eigenschaften, die in unseren Breiten zunehmend Mangelware werden.

Wenn ich das tiefe Unglück junger Frauen im heutigen Großbritannien betrachte, die ihre Verzweiflung über den aufgezwungenen, unnatürlichen (weil eher männlichen) Lebensstil in Meeren von Alkohol ersäufen, kann ich nicht anders, als mich an die Warnung des Alten Meisters zu erinnern:

> *Beim Verfall des großen Tao*
> *Entstanden die Lehren von der «Menschlichkeit» und der «Gerechtigkeit».*
> *Als Wissen und Klugheit erschienen,*
> *Folgte ihnen große Heuchelei auf dem Fuße.*

Kapitel 18

Zur Erlangung der Harmonie empfiehlt Lao Tse dagegen:

> *Offenbare dein einfaches Selbst.*
> *Umfasse deine Urnatur.*
> *Beherrsche deine Selbstsucht.*
> *Bezähme deine Begierden.*

Im Vergleich dazu verlangt der heutige Zeitgeist: Gib immer und sofort deinen Begierden nach, ergehe dich in Selbstsucht, sei ahnungslos über dein eigentliches Wesen, sei angeberisch und großspurig. Aktivität, und selbst noch so unsinnige, wie eine Wohnung perfekt sauber zu halten, wird um ihrer selbst willen geschätzt – nur ja keinen Moment innehalten, der einen den ganzen Wahnsinn dieser Lebensweise enthüllen könnte. Diese krankmachende Scheinproduktivität führt dazu, dass wir uns nicht mehr auf natürliche Weise entspannen können. Folgen: Schlafstörungen, Rückenschmerzen, chronische Müdigkeit, Niedergeschlagenheit, Libidoverlust usw. Der natürliche, instinktive, einfache, sanfte und freudvolle Weg, den Taoisten propagieren, ist selbstverständlich viel stärker vom *Yin* geprägt, wie zahlreiche Lao-Tse-Zitate, die das Weibliche ausloben, beweisen.

Die Polarität von *Yin* und *Yang* wirkt nicht minder in subtilen Bereichen – auch unser Denken und Fühlen ist von derselben Gesetzmäßigkeit geprägt. Bloß im Zwischenmenschlichen sind wir nicht so einsichtig und hoffen, die *Yang*-Hitze der anfänglichen Verliebtheit möge auf «ewig» bestehen und das phantastische sexuelle Hoch erhalten bleiben. Wer das *Yin* des stillen, begierdefreien Händchenhaltens nicht schätzt, wird keine lebenslange, glückliche Beziehung haben. Wie Drogenräusche stumpfen heftige Empfindungen nicht nur ab, sie halten auch immer kürzer. Hier liegt der Grund verborgen, warum Taoisten nicht so scharf auf exstatische Erfahrungen sind.

Te – das Gesetz der eigenen Natur

Alle Dinge der Schöpfung können nicht anders als leben und wachsen. Vielleicht ist das das Tao.

TSCHUANG TSE

Das «sichtbar» werdende Tao hat einen eigenen Begriff: *Te* (dasselbe Wort wie im Buchtitel *Tao Te King*). Häufig wird es mit «Tugend» übersetzt, bisweilen mit «Macht». Gemeint ist damit aber nicht Moral, sondern die *Eigenart* eines jeden Lebewesens und das damit einhergehende Verlangen – es ist die «Tugend» des Regens, dass er zur Erde fällt, ebenso wie es die Charakteristik des Messers ist, dass es durchtrennt.

Te ist also die *Essenz* einer Sache / eines Lebewesens. Dahinter steht keine bestimmte Moral; was gut oder schädlich für jeden Menschen ist, hängt mehr vom Individuum als von fixen Regeln ab (obwohl Lao Tse durchaus Tipps gibt, was uns weiterhilft im Leben und was uns eher stolpern lässt; mehr dazu in den folgenden Kapiteln). Wer mutmaßt, *Te* wäre sinngemäß mit unserer guten alten «Seele» verwandt, liegt durchaus richtig, vorausgesetzt, «Seele» wird nicht als etwas Abgehobenes, Welt- und Körperfernes verstanden – für Taoisten ist eine «körperlose» Erleuchtung nicht vorstellbar. Bemerkbar macht sich diese Instanz durch eine «innere Stimme» – was nicht ganz unserem «Gewissen» entspricht, da dieses kulturgeprägt ist. Es ist unsere innere Stimme *vor* der massiven Beeinflussung durch Eltern, Schule, Kirche, Staat, Medien und Gleichaltrige. *Te* ist also eine Mischung aus urtümlichen menschlichen Bedürfnissen (zu denen der Wille, zu leben, gehört) und die Ausprägung des eigenen Wesens. Tao ist, was wir als Menschen gemeinsam haben, *Te* sind individuelle Eigenarten.

Unter dieser Vorbedeutung würden Taoisten der biblischen Warnung: Was nützte es, wenn du die ganze Welt gewännest und dabei die Seele verlörest?, durchaus zustimmen.

Kurz gesagt: Tao ist der Gesamtkontext, in dem etwas stattfindet, *Te* das konkrete, spezifische Ding oder Lebewesen in seiner Eigenart. Blumen blühen, wie eben Blumen blühen sollen, Bäume tragen Früchte ihrem inneren Gesetz gemäß ... Komplizierter wird es beim Menschen, der nicht länger spontan seiner Natur folgen kann, da die umgebende Kultur die Art und Weise vorgibt, wie wir uns selbst und die Welt zu betrachten haben. *Te* ist aber unser *angeborener* Lebens- und Selbstausdruckswille – diesen Drang zu behindern und umzuformen führt automatisch zu Frustration. Anders formuliert: Unser ureigenster Trieb wäre es, dem Tao/Naturgesetz zu folgen, das zu tun, was wir als *natürlich* empfinden.

Hier unterscheidet sich der Taoismus von jeder anderen Philosophie/Religion: Er drängt den Menschen nicht dazu, sein tierisches Erbe «abzustreifen» und sich zum Geist/Licht (oder sonst etwas) «höher» zu entwickeln. Wie im Falle des Tao (transzendent/immanent) gibt es auch bei *Te* zwei Bedeutungsebenen – die oft gehörte Übersetzung «Tugend» (im Sinne von «richtigem Handeln») wäre demnach die gewöhnliche Ebene, während die gehobene Ebene ins Verstehen (des Wesens der Dinge) mündet.

Nichts erzwingen wollen (Wu wei)

> *Die Harmonie kennen heißt im Einklang mit dem Ewigen sein.*
>
> **Lao Tse, Kapitel 55**

Dem taoistischen Ideal entsprechend sind Handlungen einfach, spontan und mühelos, wenn sie dem Lauf des Tao folgen. Alles, was zäh und gegen Widerstand errungen werden muss, wurde entweder falsch angepackt, oder der Zeitpunkt ist ungünstig oder die Idee nicht fruchtbar.

Diese Mühelosigkeit stellt sich nicht ein, wenn wir den Diktaten unseres Ichs folgen, das jederzeit begierig «Ich will» ruft. Ein Taoist bekämpft das Schicksal nicht und leidet daher auch nicht darunter, wenn er nicht bekommt, was man sich gemeinhin wünscht. Poetisch formuliert, entspricht die Haltung einem *Fließen* mit dem Leben (weshalb taoistische Weise auch gern als absichtslos Dahinwandernde dargestellt wurden). Diese Einstellung widerspricht fundamental unserem Statusdenken, das auf Leistung und Besitz ausgerichtet ist und so tut, als könnte das Errungene von Dauer sein.

So gut wie jedes Selbsthilfebuch, jeder Motivationstrainer, jeder Erfolgskurs betont die herausragende Wichtigkeit von «Plänen», oft weit in die Zukunft gerichtet. Nun spricht nichts gegen einen Plan, um die Gedanken zu sortieren – aber die Freunde des Planens verlangen viel mehr: Sie hoffen, dass ihr konzentriertes Wünschen die Wirklichkeit in ihre Richtung zwingt. Für Taoisten ist dies nicht mehr als ein wundersamer Aberglaube, weshalb weder Pläne noch das Visualisieren einer phantasierten Zukunft eine Rolle spielen. Zähneknirschend den Willen einzuspannen erzwingt keine förderlichen Umstände. *Wu wei* bedeutet, den Weg des geringsten Widerstands zu gehen – auch wenn das von unserer Schaffermentalität scheel angesehen wird. Wer die Dinge so nimmt, wie sie sind, und mit dem zufrieden ist, was er hat, wird als *faul* kritisiert. In der Tat, Taoisten sind behaglich faule Leute.

Der eine arbeitet ein Leben lang, bis die Schwarte kracht (und er dennoch arm stirbt), die andere stolpert zufällig ins Fernsehen, erlangt Ruhm und Reichtum, ohne im Prinzip einen Finger zu rühren. Kismet! Wäre es nicht Schicksal, müssten sich alle vom Glück Vernachlässigten in einen Massenselbstmord stürzen (weil dann im Umkehrschluss klar wäre, dass jeder, der nicht reich und berühmt wurde, eine Flasche ist). Die Hoffnung, wir könnten mittels unseres Intellekts den Lauf des Lebens kontrollieren, ist haltlos. So ein Vorhaben führt letztlich nur zu einem inneren Ungleichgewicht und zu äußerer Zerstörung. Da der gelernte Taoist die Wirklichkeit so sieht, wie sie ist – nämlich chaotisch, unkontrollierbar und bisweilen gewalttätig –, bleibt einem nichts anderes übrig, als flexibel und wachsam zu sein. Auf den Gedanken, das Leben bis zur Rente vorherzuplanen, verfällt kein unabhängiger Denker. Zum Eigenheim nach dreißig Jahren Hypothekarkredit? Dann bin ich dreißig Jahre festgenagelt. Falle vielleicht nach der letzten Ratenzahlung tot vom Hocker. Kein Taoist verpfändet sein Leben. Schulden schaffen Abhängigkeit, mithin Unfreiheit. Damit wächst der Druck, ein bestimmtes Einkommen zu erzielen; gleichzeitig kann die Umwelt ungeniert Ansprüche stellen, da man nicht weg kann. Warum sollte ich mich freiwillig in eine so unbehagliche Situation begeben?

Um zwangloses, unbeeinflusstes Handeln zu fördern, rät uns Lao Tse, den Geist ruhigzuhalten und die Umgebung genau zu beobachten. Dazu gehört eine stabile Gelassenheit, unerschütterlich auch angesichts von Niederlagen. Der Mensch des Tao handelt den Umständen (und seiner Einsicht und Fähigkeiten) entsprechend. Kein Taoist war jemals durch Reichtum oder Ruhm motiviert, da diese Dinge kommen und gehen wie der Herbstwind unter dem blassen Mond. Deswegen ist ein Freund der Tao-Pflege auch selten in Stress oder Zeitnot.

Ohne Anstrengung dem Spiel der vorherrschenden Kräfte folgen, das ist *Wu wei*. Mit Lao Tses feinen Worten:

> *Verrichte deine Arbeit und tritt dann zurück,*
> *das ist der einzige Weg zu innerem Frieden.*

Kapitel 9, Mitchell

Die Wahrheit im Inneren

> *Zur Wurzel zurückkehren ist Stille, es heißt zum eigenen Schicksal zurückkehren.*
>
> LAO TSE, Kapitel 16

Im Gegensatz zu einem naturwissenschaftlichen Ansatz suchen Taoisten die Wahrheit nicht im Außen. Sie akzeptieren die Natur als «Spiegel» des Tao, erwarten aber keine Antworten.

Aus der inneren Stille kommt im passenden Moment jener Impuls, dem zu folgen angeraten ist. Die rechte Handlung geschieht dann spontan und mühelos. Darum entwerfen Taoisten selten langfristige Pläne für ihr tägliches Leben; dies würde nur die Voreingenommenheit fördern und verhindern, zu sehen, was tatsächlich geschieht. Das Prinzip des Tao (= schöpferische Aktivität, die aus der Leere entspringt) stellt nicht bloß ein wolkiges Mysterium dar, sondern einen konkreten Leitfaden.

Als äußerstes erreichbares Lebensziel wird in der mystischen Tradition gern der Begriff «Erleuchtung» gewählt. Dieses Konzept ist zwar auch im Taoismus bekannt, ich möchte es aber in diesem Buch bescheidener angehen lassen: Tiefe Ruhe ist reichlich genug. Taoisten wählen nicht zufällig Tiere als Vorbild – unser Körper fühlt sich der entspannten und selbstverständlichen Existenz eines gesunden Tieres sehr verwandt; es ist nur der aufgescheuchte Geist, der fortwährend Unzufriedenheit produziert. Unter diesen Auspizien ist der Ausspruch des Gelben Kaisers zu verstehen: «Perfekte Freude ist die überfließende Zufriedenheit der Natur.»

Warum Taoisten der «Leere» so viel Wert beimessen, ist im 11. Kapitel des *Tao Te King* nachzuvollziehen: Dort ist die Rede von den Speichen eines Rades, die in der Nabe zusammenkommen. Der leere Raum stellt nicht nur das Zentrum des Rades dar, sondern ermöglicht erst die rollende Bewegung:

Darum: Das Sein der Dinge gibt uns Vorteil,
Und das Nichtsein der Dinge dient uns.

Tschuang Tse, Lin Yutang, S. 72

Das Nichts ist jener Dreh- und Angelpunkt, um den herum das Auf und Ab von *Yin* und *Yang* stattfindet. Gerade durch ihre Leere und Eigenschaftslosigkeit ist die Nabe nützlich; wäre sie voll, bestünde kein Platz für die Achse, und es gäbe kein rollendes Rad. Mit den Worten des Tschuang Tse: «Das Tao darf nicht verlegt sein.»

Die Idee von Meditation besteht grundlegend darin, diesen Punkt der Leere in unserem Bewusstsein zu finden. Der Körper entspricht der dinglichen Welt (den Speichen), in dessen geistigem Zentrum aber Leere bestehen muss. Wenn wir uns den Körper von innen vorstellen, erscheint er uns als vollständig gefüllt mit Blut und Organen und Knochen. Taoisten gehen in ihren Auflösungsübungen (siehe Kapitel «Techniken zur Lebensverbesserung») aber davon aus, dass im Inneren des Bewusstseins genauso viel leerer Raum ist wie außen im Weltall. Deshalb konnte Lao Tse sagen:

Ohne aus seiner Türe zu treten,
Kann man wissen, was auf der Welt geschieht.
Ohne aus seinem Fenster zu schauen,
Kann man das Tao des Himmels sehen.
[…]
Darum weiß der Weise, ohne herumzulaufen,
Versteht, ohne zu sehen,
Vollendet, ohne zu tun.

Kapitel 47

Natürlich besitzen diese Weisen keinen eingebauten Weltfunk: Ihr Wissen ist nicht materieller Art (Fakten), sondern funktionaler, wie das 16. Kapitel erklärt:

Erreiche die äußerste Passivität;
Halte fest an der Grundlage der Ruhe.
Die zehntausend Dinge nehmen Gestalt an und steigen zur Tätigkeit auf,
Ich aber sehe zu, wie sie zur Ruhe zurückkehren.

Das Wissen der Meister beruht also auf diesem ewigen Wechselspiel der Kräfte, dessen wahre Natur sich der Innenschau öffnet, wie das 16. Kapitel weiter erläutert:

Zur Wurzel zurückkehren ist Stille,
Es heißt zum eigenen Schicksal zurückkehren.
Zum eigenen Schicksal zurückkehren heißt das ewige Gesetz finden.

Aus dieser Gesetzmäßigkeit erklärt sich der Ablauf der Dinge.

Das Tao wirkt rein durch Nichttun – Tun ist immer dem Wechselspiel von Werden und Vergehen ausgesetzt. Doch mit bloßer Logik lässt sich der Nullpunkt der Stille und des Einsseins nicht finden.

Geistige Unabhängigkeit

Da gibt es für Menschen des Tao keinen Kompromiss: Die innere Freiheit wird gepflegt und in Ehren gehalten, ohne Wenn und Aber. Sozialem Anpassungsdruck wird nur äußerlich nachgegeben (und auch nur so weit wie unumgänglich). Die Eigenart des inneren Wesens muss bewahrt bleiben. Äußerer Erfolg, gesellschaftliche Anerkennung und Besitz, alles gut und schön, aber kein Ersatz für Seelenfrieden:

Wenn einer mit sich selbst in Frieden ist, können ihm Kummer und Sorgen nichts anhaben, und er hat ein langes Leben.

TSCHUANG TSE, Lin Yutang, S. 143

Wir können nicht vor der uns umgebenden Wirklichkeit weglaufen, sind andererseits aber in der Lage, selbst unter äußerem Zwang eine gewisse innere Distanz zu bewahren. Sich vom Zunicken anderer abhängig zu machen kommt nicht in Frage.

Um diese Freiheit zu bewahren, scheuen sich die dem Tao Verpflichteten oft, Geschenke anzunehmen, weil damit eine neue Verpflichtung geschaffen wird (siehe auch den Abschnitt «Minimierung der Pflichten»). Wie schon der weise Stoiker Epiktet in seinem Handbüchlein warnte: «Vermeide Einladungen zu Festen von Nichtphilosophen.» (Gemeint ist, dass man unter seinesgleichen weilen, aber nicht die Zeit mit sozialer Gesichtswäsche vertun sollte.) Selbst wenn sich Rudelauftriebe nicht vermeiden lassen, sollte man leichten Herzens hingehen und niemals sagen: «Das war es nicht wert», empfiehlt Epiktet; Sich-Beklagen ist für ihn der Weg des Nichtphilosophen, also nicht erwägenswert.

Es gilt also, vor zweierlei auf der Hut zu sein: vor den unablässigen Manipulationsversuchen der Kultur mit ihren Werten und Weltbildern sowie vor den Schwachstellen der eigenen Persönlichkeit, die schon früh auf herrschende Vorstellungen hin zurechtgebogen wurde. Tschuang Tse warnt besonders vor der Versklavung durch selbstgeschaffene Begierden und empfiehlt zum Ausgleich innere Leichtigkeit:

> *Der Kluge ist unglücklich, wenn er nicht über neue Gedanken nachsinnt. Der Beredsame ist unglücklich, wenn er kein Gespräch führt. Der Tüchtige ist unglücklich, wenn er nicht mit Schwierigkeiten zu kämpfen hat. Sie alle vergraben sich in materielle Dinge. […] Der Soldat liebt den Kampf. Der stille Gelehrte liebt den Ruhm. […] Der Bauer ist nicht glücklich, wenn er nicht sein Feld bebaut; der Kaufmann ist nicht glücklich, wenn er nicht auf dem Markt Geschäfte macht. Der Alltagsmensch ist voll Betriebsamkeit, wenn er morgens und abends in seinen Mußestunden etwas zu*

tun findet. [...] Der habsüchtige Reiche fühlt sich bedrückt, wenn er keinen Reichtum anhäuft, und der Ehrgeizige ist enttäuscht, wenn er keine Machtstellung erlangt.

Obwohl diese Beschreibung über zweitausend Jahre alt ist, mutet sie uns zeitgmäß an. Menschliche Betriebsamkeit wurde nie stärker angereizt als durch die Versprechungen des Kapitalismus. Der Preis? Wird nie erwähnt. Tschuang Tse folgert weiter:

Solche Menschen, die sich mit menschlichen Angelegenheiten befassen, beobachten freudig den Wechsel der Umstände und den Eintritt günstiger Gelegenheiten, und wann immer sie etwas tun können, wann immer sich die Möglichkeit bietet, etwas zu tun, können sie nicht stillehalten. Und so gehen diese Leute jahraus, jahrein in ihrer Tretmühle, in ihre eigenen Angelegenheiten verstrickt, und können nicht heraus. Sie lassen ihre körperlichen Begierden mit sich durchgehen und bleiben in die tausendundeinen Angelegenheiten verstrickt, bis sie sterben. – Wie traurig!

Lin Yutang, S. 114 f.

Demgegenüber raten Taoisten zu ruhiger Ausgeglichenheit, gepflegter Faulheit, innerer Gelassenheit und kluger Herrschaft über die Verlockungen. Sie genießen durchaus das Leben, bleiben aber dabei Herr im eigenen Haus. Geht die Katze fortwährend auf Jagd? Wenn sie satt ist, gefällt ihr nichts besser, als sich eingerollt einem Schlümmerchen hinzugeben, die Sonne auf den Pelz scheinen und unberührt die Welt vorbeiziehen zu lassen. Würde sich ihr Leben durch einen Vorrat toter Mäuse verbessern?

Spontaneität und Natürlichkeit

Die in den 60er Jahren von den Blumenkindern aufgegriffene «Spontaneität» hat wenig gemein mit der «unmittelbaren» Handlung eines Taoisten, die nichts anderes bedeutet als «der Situation entsprechend». Während die Hippies eher ein Sich-gehen-Lassen pflegten, streben Anhänger des Tao einen Geisteszustand an, der nicht durch Voreingenommenheiten verstellt ist und daher fähig, direkt auf die Welt zu reagieren. Vorurteile, Wunschdenken, Ideologien und emotionale Abhängigkeiten verdunkeln üblicherweise unsere Wahrnehmung der Wirklichkeit; sich von diesen mentalen Nebengeräuschen freizumachen ist außerordentlich schwierig – besonders, wenn wir diverse Voreingenommenheiten für einen Teil unseres innigsten Selbst halten.

Um wahrhaft spontan handeln zu können, ist es daher notwendig, den *echten* Impulsen zu folgen. Woher weiß ich aber, dass aufsteigende Gedanken und Gefühle nicht «vergiftet» sind durch Verlangen, die irgendwo unentdeckt im Unterbewusstsein schlummern? Wenn verheiratete Männer «spontan» jedem Rock nachsteigen, der da verlockend einen Schenkel entblößt, kann das wohl kein Lebensrezept für anhaltende Zufriedenheit sein. Was die Tao-Lehren wirklich meinen, ist, seinen *Instinkten* zu folgen. Instinkte sind angeboren – obwohl natürlich keine Kultur es unversucht lässt, sie zu «zähmen», umzuleiten, zu kultivieren, bis sie so verkorkst sind, dass nur noch Unzufriedenheit und Ratlosigkeit übrig bleiben. Instinkte sagen jeder Mutter, wie man mit einem Baby umgeht; die Kultur mit ihren absurden Einfällen schafft dermaßen Verunsicherung, dass «Experten», selbst wenn sie noch nie Kinder hatten, verlangen, man sollte Babys bis zur Erschöpfung schreien lassen. Allein, dass uns Babygeschrei *instinktiv* stresst, beweist, dass der unmittelbare Impuls (Baby hochnehmen und beruhigen) in der Regel richtig, alles andere schädlicher Unsinn ist. Instinktgeleitete Eltern brauchen keine Psychologen oder Pädagogen, um mit einem Kleinkind richtig umzugehen.

Unsere natürlichen Impulse erfolgen keineswegs willkürlich – sonst wären wir längst ausgestorben. Wenn Taoisten den Lauf des Taos im Ablauf der Natur studieren, macht sie das noch lange nicht zu Darwinisten! Seelische Harmonie, individuelle Langlebigkeit und Spiritualität sind für «egoistische Gene» keine wesentlichen Themen (Evolutionsbiologen irren, wenn sie alle höheren menschlichen Äußerungen auf einen indirekten Zweck zur Fortpflanzung reduzieren wollen – sie sind genau das Gegenteil).

Taoisten kontrollierten immer die Zahl ihrer Kinder, ebenso weigerten sie sich, der Sexchemie im Gehirn auf den Leim zu gehen. Sie gehen mit ihrer Lebensenergie lieber bewusst und sparsam um. Wenn also «Natur» und «Natürlichkeit» gepriesen werden, bedeutet das im taoistischen Kontext keineswegs ein dumpfes Leben im Banne fortpflanzungshungriger Triebimpulse. Ein delikater Balanceakt: auf der einen Seite den Wert des Lebens anerkennen und Kinder bejahen, auf der anderen Seite *zu viele* Kinder meiden, weil sie das Überleben erschweren (was der *ursprüngliche* Grund war, warum Promiskuität abgelehnt wurde – erst später wurde daraus eine «gottgegebene» Moral).

Wohlbefinden und Seelenfrieden sind der Taoisten oberstes Ziel – dem stehen wechselnde sexuelle Liaisonen, eine große Kinderschar oder diverse emotionale Abhängigkeiten eindeutig entgegen. Dass Sucht nach Sex eng verwandt ist mit anderen Süchten (= Verlangen, dem Alltag durch Manipulation der Gefühle zu entgehen), durchschauten die weisen Naturbeobachter schon vor Tausenden von Jahren, ohne die Rolle des Dopamins im Lustzentrum unseres Hirns genau zu kennen. Deswegen minimieren Taoisten die hitzigen sexuellen Hochs ab einem gewissen Alter; lieber leben sie auf einem angeregten, hohen Energieniveau.

Aufmerksame Beobachtung der Umgebung

Zum taoistischen Lebenspfad gehört in der Regel das Erlernen eines Kampfsystems. Das Leben wird nicht unter einem idealistischen Blickwinkel betrachtet, sondern in seinem ganzen Chaos erkannt und akzeptiert. Zudem ist es ein Aspekt der Wachsamkeit. Mir war aufgefallen, dass unser Meister seine innere Haltung änderte, sobald ein «gefährlicher Typ» in die U-Bahn eingestiegen war. War er zuerst ins Gespräch vertieft gewesen, beobachtete er nun aus den Augenwinkeln das Verhalten des als potenzielle Gefahrenquelle erkannten Menschen. Sich nicht überraschen zu lassen ist der Grundsatz jedes Kriegers, auch eines spirituellen, wozu das Meiden gefährlicher Situationen gehört.

Wenn ein Taoist in einen Konflikt gerät, fragt er sich, was sein Anteil ist: unbedacht in eine verrufene Gegend geraten? Einen angespannten Menschen aus Achtlosigkeit provoziert? Sich ungefragt in einen Streit eingemischt? Als Taoist kann man nicht naiv durch die Gegend stolzieren und sich darauf verlassen, die Welt müsse uns freundlich gesinnt sein, nur weil man selbst nichts Böses im Schilde führt.

Die Aufmerksamkeit bezieht sich auch auf das familiäre Umfeld – wenn es hier fortwährend Zwistigkeiten gibt, dann ist etwas im Denken beziehungsweise Verhalten des Philosophen nicht kongruent. Wer sich selbst für friedfertig hält, aber ständig in Händel gerät, muss wohl unbemerkt aggressiven Gedanken nachhängen. Es besteht zwar für den Gesetzesgeber ein großer Unterschied zwischen bösen Gedanken und bösen Handlungen, aber in Wirklichkeit zieht das eine früher oder später das andere nach sich. Also beginnt die Kontrolle im eigenen Herzen.

Wer rund um die Uhr verkrampft ist, schädigt sein Leben. Wenn Tiere in einer vermeintlichen Gefahrensituation überreagieren, trachten sie, sofort die Stresshormone wieder abzubauen. Kein Lebewesen verträgt auf Dauer eine angespannte Existenz, Menschen auch nicht. Taoisten kommen also nicht umhin, sich mit den Wurzeln ihrer Angst zu beschäftigen. Wir büßen mit dem Verlust der Lebensinstinkte viel Selbstgewissheit ein. In einer Gefahrensituation ist rationale Analyse zu langsam. Ein Tier wittert einfach, was in dem Wesen gegenüber vor sich geht. Hunde testen gern ihr Umfeld: Wer zeigt Zeichen von Angst auf mein wütendes Gebelle hin? Zurückkeifen stachelt einen aggressiven Hund nur auf. Die richtige Reaktion ist achtsames Ignorieren.

Viele biologische Mechanismen, deren wir gar nicht gewahr sind, regeln unser Verhalten und Empfinden. Der Beginn der Pubertät eines Mädchens wird unter anderem von der Anwesenheit des leiblichen Vaters bestimmt. Die tragende Rolle spielen hier Pheromone. Ebenso registriert unser automatisches Bewusstsein Angstschweiß, worauf sich unsere Denk- und Wahrnehmungsfähigkeiten erhöhen. Wenn in einem Arbeitsteam ein Mitglied das Gefühl hat, der gestellten Aufgabe nicht gewachsen zu sein, und vor Angst zu schwitzen beginnt, legen die Kollegen instinktiv einen Zahn zu, da ihre Tiernatur Gefahr wittert. In beiden Fällen spielt die Zivilisation (= Unterdrückung natürlicher menschlicher Gerüche durch Deos und andere Chemikalien) eine negative Rolle.

Wie kann ich die Menschen um mich herum *erfühlen*, wenn jeder Masken aufsetzt und künstliche Gerüche den Raum dominieren? Vermutlich wäre es klüger (wenn auch unzivilisierter), wenn wir uns nicht völlig mit Kunstdüften zusprühten, um der Umgebung klare Signale zu geben, in welchem Zustand wir uns befinden (immer dem Gesetz gehorchend: Verwirrung meiden, Klarheit fördern). Intellektuelle Kommunikation kann nie erfassen, was unbewusst abläuft. Kommunikation auf einer hormonell-instinktiven Ebene mag in einer hochritualisierten Welt, die auf Täuschung fußt, seltsam anmuten. Doch die Erfahrung lehrt, dass früher oder später der Augenblick der Wahrheit kommt, wo alle Masken fallengelassen werden müssen, wo man einem anderen Menschen völlig offen gegenübertritt. Je mehr man sich verstellt, umso größer die Angst, sich so zu zeigen, wie man wirklich ist.

Vorsicht vor geistigen Viren

Taoisten schätzen nicht nur ihre Gesundheit und schützen sich dementsprechend vor übermäßigem Energieverlust, sie wappnen sich ebenso vor «geistigen Viren». Beispielsweise vor dem verführerischen Stolz, den jede Gesellschaft produziert und auserwählten Mitgliedern zur Verfügung stellt. Wer keinen zugeteilt bekommt, erstarrt in Neid. Solange Menschen in Machtgefällen leben, werden «die da oben» immer alles unternehmen, die zu ihren Gunsten bestehende Situation zu festigen. Die verheißungsvollste Maßnahme ist, «denen da unten» glauben zu machen, dass alles gut und richtig sei, wie es gerade ist. Ein etwas ausgefallenes Beispiel: Das medizinische Establishment spannt Institutionen und Medien ein, um diverse Meinungen zu verbreiten. So wird seit Jahren alles darangesetzt, den natürlichen Horror der Menschen zu unterminieren und sie zu Lebendnierenspenden zu drängen. Dass die sparsame Evolution uns *nicht* aus Luxus mit zwei Nieren ausgestattet hat, lassen sie unter den Tisch fallen und behaupten frech, mit einer Niere könne man *genauso gut* weiterleben wie mit zwei. Damit soll die Bereitschaft gesunder Menschen, sich aufschneiden und ein lebenswichtiges Organ zur Verpflanzung entnehmen zu lassen, erhöht werden.

Laut chinesischer Medizin sind die beiden Nieren keineswegs identisch; eine ist stärker *Yin*, die andere mehr *Yang*. In der Stadt, in der ich lebe, machte folgende Geschichte die Runde: Ein Vater spendete seiner Tochter eine Niere, weil sie als Dialysepatientin bei der Betreuung ihres Kindes behindert war. Trotz der nahen Verwandtschaft wurde das Organ bald darauf abgestoßen, und die junge Frau hing wieder am Dialysegerät. Ein paar Jahre später versagte des Vaters letzte verbliebene Niere, und seither muss er ebenfalls ständig sein Blut waschen lassen. Da bot sein jugendlicher Sohn an, seinerseits eine Niere zu spenden, worauf der weise gewordene Vater erwiderte: Mach nicht du auch noch denselben Fehler.

Erstaunlicherweise empfahl schon der Alte Meister «intellektuelle Frugalität». Wer den Weg des Tao geht, trachtet danach, einen offenen und wachen Geist zu pflegen und das Herz in demselben Zustand zu halten, aufmerksam den Signalen lauschend, die aus unserem Inneren aufsteigen. Wer sich ständig zudröhnt (mit Arbeit, Musik, TV, Drogen ...), ist dazu nicht imstande und geht daher früher oder später in die Irre. Allmählich, ganz unbemerkt, geben wir dem sozialen Druck nach und machen uns fremde Anschauungen zu eigen, unser eigentliches Selbst vergessend.

Konfuzius mahnte: Der Geist kann bloß denken (und zuhören, was andere sagen) – aber unser *gesamtes Wesen* soll an der Wahrnehmung teilhaben, nicht bloß die graue Masse unter der Schädelplatte. Zum ganzen Wesen gehört auch die Intuition, die ein Phänomen des *Chi* ist. Statt sich den Kopf mit Ideen und Anschauungen anderer zuzudröhnen und damit intellektuellen Viren Zugang zu gewähren, empfehlen die Taoisten «geistiges Fasten» = Verharren in der Stille.

Diese Zurückhaltung beinhaltet auch eine partielle Absage an den Humanismus, der meint, weltweites Glück wäre auf dem Bildungs- beziehungsweise Rechtsweg erzielbar. Eine Überbetonung von Gesetzen und Vorschriften produziert eine jeder Kontrolle entzogene Klasse von Beamten, Richtern und Anwälten. Abgesehen davon, dass dies einen Überwachungsstaat und permanente Einflussnahme auf die Bürger verlangt, kann man Güte nicht anbefehlen, genauso wenig Aggressionslosigkeit oder Einsicht oder Mitmenschlichkeit. Stallwärme zu suchen entspricht unseren Bedürfnissen; man darf bloß nicht den Geruch des Mistes mit jenem des Tao verwechseln. Im Großen und Ganzen sympathisieren Taoisten mit Humanisten, allerdings sehen sie den Menschen beziehungsweise die Gesellschaft nicht als die einzige Bezugsgröße im Kosmos.

Wer sich dem Zeitgeist unterwirft und das Werturteil des Nachbarn fürchtet, in den Augen der Gleichaltrigen glänzen will, seinen Eltern etwas beweisen möchte, der ist in ein Hamsterrad gespannt, aus dem kein noch so wütendes Treten befreien kann. Dem Tao zu folgen heißt, einen individuellen Weg zu gehen:

> *Diese Einsamkeit ist der Weg des wahren Philosophen. Außerhalb der sozialen Konventionen stehen und mittels seiner Vernunft sich ein zufriedenes Leben aufbauen bedeutet den höchsten Sieg.*
>
> **Alex Anatole**

Jeder ist für sein Leben verantwortlich

Das gilt natürlich nicht für Kinder oder Menschen, die in ihrer Lebensführung beeinträchtigt sind, aber sonst praktisch für jeden. Dennoch sind wir Sozialstaatsbürger gewohnt, in wesentlichen Lebensfragen (z. B. Bildung, Gesundheit oder Altersvorsorge) unsere ureigenste Verantwortung an den Staat zu delegieren. Trotzdem führt kein Weg um die Einsicht herum: Frau und Mann sind für ihre Entscheidungen und Handlungen selbst verantwortlich. Wer daran zweifelt, sei an die Frage des Philosophen George Santayana erinnert: *Wenn wir nicht für unsere Leben verantwortlich sind, wer dann?*

Anhänger des Tao müssen tapfer genug sein, der ungeschönten Wirklichkeit ins Auge zu blicken. Das klingt deprimierender, als es ist: Wer die Bedingungen seines Lebens annimmt, statt in Wunschträume zu flüchten, erringt den notwendigen Freiraum, die Freude am eigenen Dasein wiederzuerwecken. Leidenschaftlich zu leben braucht nicht unbedingt Ruhm oder Reichtum zur Voraussetzung.

> *Wenn du von anderen Erfüllung erwartest,*
> *wirst du nie wirklich erfüllt sein.*

Wenn dein Glück vom Geld abhängt,
wirst du nie mit dir selbst glücklich sein.

Sei zufrieden mit dem, was du hast,
erfreue dich am Leben, wie es ist.
Wenn du verstehst, dass nichts fehlt,
gehört die ganze Welt dir.

LAO TSE, Kapitel 44, Mitchell

Natürlich ist es erfreulicher, im Wohlstand zu leben, als sich kärglich abzumühen. Natürlich hat man es im Leben leichter, wenn die Eltern wohlhabend und einflussreich sind. Natürlich ist Glück angenehmer als Pech. Aber diese Dinge kommen einem von *außen* zu – über sie hat man keine wirkliche Kontrolle. Und wenn ein allmächtiger Staat hier eingreift, um eine Gleichverteilung des «Glücks» zu erzwingen, scheitert er.

Nicht einmal ein Genie wie van Gogh konnte von seinen Gemälden leben, und heute werden sie zu horrenden Preisen gehandelt. Den Zeitgeist, die Launen der Welt kann niemand kontrollieren. Menschen des Tao ist zutiefst bewusst, dass sie im Moment nur ihr Leben besitzen und ansonsten keine Ansprüche stellen können. Deswegen erfreuen sie sich an der bloßen Tatsache, am Leben zu sein, für das sie volle Verantwortung übernehmen.

Die Seele ist wichtiger als der Körper ist wichtiger als das Gehirn

Natürlich ist ein Teil niemals wichtiger als das Ganze. Der Grund für die provozierende Überschrift ist die massive Tendenz in technologiegläubigen Kreisen, menschliches Leben auf neuronale Aktivitäten unter dem Schädeldach zu reduzieren. Manche hoffen, dadurch Unsterblichkeit zu erlangen (wie die Köpfe im Einmachglas in der

TV-Serie «Futurama»). Von den schamanistischen Weisen über Taoisten und Buddhisten bis zu den Existenzialisten des 20. Jahrhunderts war allen tiefen Denkern klar, dass Leiden und Sterben untrennbar zum menschlichen Leben gehören. Ein harmonisches Leben ist niemals über die Verleugnung wesentlicher Teile unserer Existenz zu erreichen.

In der chinesischen Naturbetrachtung ist Intelligenz im *ganzen Körper* angesiedelt, was recht einleuchtend ist angesichts der ungeheuren Komplexität unserer Organe, die sich unabhängig von der Kontrolle des rationalen Denkens selbst steuern. Aber wir leben nun mal in einer Zeit, die das Gehirn vergöttert.

Für Tschuang Tse war der Tod das größte Übel, die Verstümmelung des Körpers das zweitgrößte. Den Körper, so gut es geht, unversehrt und gesund zu erhalten galt zur Zeit des Konfuzius geradezu als moralische Pflicht. Mit Moral haben Taoisten zwar nicht viel am Hut; es ist ihnen aber zutiefst bewusst, dass Wohlbehagen tief in unseren Eingeweiden steckt und eine rein geistige, körperlose Existenz eine Illusion ist. Asketische Ideale, wie sie von Hinduismus und Buddhismus befürwortet werden, sind den lebensfrohen Naturphilosophen ein wahres Gräuel. Ihr Aufruf zur Mäßigung erfolgt aus dem Wissen, dass Exzesse späteres Leiden nach sich ziehen. Erstaunlich, dass fast zur selben Zeit im alten Griechenland der Philosoph Epikur genauso argumentierte.

Als ich meinen Meister zu den schmerzhaften Sitzungen der Zen-Buddhisten mit untergeschlagenen Beinen befragte (körperlichen Schmerz zu ignorieren ist bewusster Teil der Übung), wies er mich auf den häufig schlechten Gesundheitszustand der Meditierenden hin, der direkt mit dem Sitzen zu tun hat, das den Energiefluss in den Beinen schwächt. Taoisten empfehlen ausgedehnte Sitzmeditationen nur, wenn man vorher den sogenannten «großen Energiekreislauf» beherrscht.

Was tun, wenn das Schicksal den Körper beschädigt? Tschuang Tse empfahl, in diesem Fall das Unglück als Teil seiner Bestimmung zu akzeptieren. Der Weise kultiviert Körper, Geist und das naturgegebene Wesen:

> *Sehet nichts, höret nichts, bewahret Euren Geist in Ruhe, und Euer Leib wird von selbst in Ordnung sein. Seid still, seid rein, missbraucht Euren Leib nicht, und Ihr werdet immerfort leben.*

TSCHUANG TSE, Lin Yutang, S. 171

Den höchsten Wert messen Taoisten einem vollkommenen Charakter (= ganzes Wesen, ungestört) bei. Nichts ist wichtiger als das «belebende Element», wie eine Anekdote des Tschuang Tse verdeutlicht:

> *«Als ich auf einer Gesandtschaft nach dem Staate Dschu unterwegs war», erwiderte Konfuzius, «sah ich einen Wurf junger Schweine, die an ihrer toten Mutter saugten. Nach einer Weile sahen sie sie an, und dann verließen sie alle den Leichnam und gingen fort. Denn ihre Mutter blickte sie nicht mehr an und schien ihnen nicht mehr von ihrer Art zu sein. Was sie geliebt hatten, war ihre Mutter; nicht der Leib, der sie enthielt, sondern das, was diesen Leib zu dem gemacht hatte, was er war.»*

Lin Yutang, S. 180

Streben nach Gleichgewicht

Die Ausgeglichenheit zwischen An- und Entspannung ist für Tiere und daher auch unsere Körper ideal. Unser modernes Leben mutet an wie eine Jagd nach Räuschen. Da hernach für jedes Menschenwesen unaufhaltsam der Absturz kommt, ist nicht viel gewonnen, zumal in der Regel das Hoch weniger lang währt als die Depression.

In der romantischen Literatur und der zeitgenössischen Werbung wird heftiges Auf und Ab als das «wahre Leben» verklärt. Eine verführerische, aber letztlich selbstzerstörerische Haltung. Für Naturphilosophen ist Ausgewogenheit auf hohem Niveau allemal dem künstlichen Schaukelspiel zwischen «himmelhoch jauchzend» und «zu Tode betrübt» vorzuziehen.

Ein statisches Gleichgewicht existiert nicht, das würde zur Erstarrung führen. Selbst die Natur kämpft fortwährend um einen Ausgleich zwischen Erwärmung und Abkühlung, Ausdehnung und Kontraktion, Wachstum und Verfall.

Wenn der Mensch geboren wird, ist er zart und schwach;
Im Tode ist er hart und steif.
Wenn die Dinge und Pflanzen lebendig sind,
Sind sie weich und geschmeidig,
[…]
Darum sind Härte und Steifheit die
Gefährten des Todes
Und Weichheit und Zartheit die
Gefährten des Lebens.

LAO TSE, Kapitel 76

Lao Tse wiederholt diese Aussage in verschiedenen Bildern, indem er den Anhängern des Weges empfiehlt, im Leben unten zu bleiben, flach zu liegen wie das Tal, die stille Bescheidenheit des Wassers zum Vorbild zu nehmen. Ich würde sagen, hier spielt das Temperament eine Rolle. Ein Mensch, der mit einem *Yang*-Überschuss geboren wird, den es immer tatkräftig zur Führung drängt, sollte nicht unbedingt die eigene Natur verleugnen, um metaphysische Wasser-Ideale zu erfüllen.

Vom Wert der Einfachheit

Der Mensch des Tao empfindet sich und seine Handlungen als *natürlich*, da er den Prinzipien des eigenen Wesens folgt. Manche nehmen das wortwörtlich und leben vollkommen nackt – das ist aber nicht im Sinne des Taoismus. Manche lassen sich einfach gehen, treiben hierhin, treiben dorthin – das bedeutet genauso wenig, dem Tao zu folgen.

Wir können nicht einfach das Leben eines Tieres nachahmen; aus diesem Stand der «Gnade» sind wir herausgefallen, wie die Bibel – allerdings in anderem Zusammenhang – vermerkt. Einfach seinen Emotionen nachzugehen, wie manche Bewegungen seit den 60er Jahren empfahlen, bringt unreife Menschen hervor, die keinen Maßstab haben, ein echtes Bedürfnis von einem kulturell erzeugten Wunsch zu unterscheiden. Unsere Handlungen, Absichten und Entscheidungen dem Lauf des Tao anzupassen ist allein glückverheißend.

Wie kann man den Weg des Tao klar erkennen?

Der Meister beobachtet die Welt,
aber vertraut seiner inneren Vision.
Er gestattet den Dingen, zu kommen und zu gehen,
während sein Herz offen wie der Himmel ist.

Kapitel 12, Mitchell

Wer viel Besitz hat, muss sich um viel kümmern. Wer viele dienstbare Geister um sich hat, muss sie ständig befehligen. Wer im Rampenlicht der Öffentlichkeit steht, muss sich verstellen. Wer sich immer bemüht, Erster zu sein, fürchtet sich vorm Zurückfallen. All dies empfinden Taoisten als meidenswerte Belastung. In den alten Schriften tauchen wiederholt Anekdoten auf, wo Abgesandte des Herrschers bekannten Weisen einen herausragenden Posten anboten, diese aber den köstlichen Seelenfrieden ihrer beschaulichen Existenz nicht gegen ein scheinbar glamouröses Leben am Hof eintauschen wollten. Innerer Frieden kommt zustande, wenn der Geist still ist. Der Geist kann aber nicht still sein, wenn er von seinem rechtmäßigen Thron (Herrscher *tun nichts*) in ein Dasein des fortwährenden Schuftens verstoßen ist. Folglich kann das Übel nur an der Wurzel bekämpft werden – dort, wo das Begehren aufkeimt.

Sich nicht einmischen

Seit dem Zweiten Weltkrieg steht bei westlichen Intellektuellen die Idee einer «Weltpolizei» hoch im Kurs. Die Lust am moralischen Urteil und an der juristischen Einflussnahme ist weit verbreitet. Sich einzumischen gilt als ethisch wünschenswert. Lao Tse sieht die Sache vollkommen anders:

> *Willst du die Welt verbessern?*
> *Ich glaube nicht, dass dies möglich ist.*

Kapitel 30, Mitchell

> *Je mehr Verbote es gibt,*
> *umso mehr werden sich die Menschen gehen lassen.*
> *Je mehr Waffen es gibt,*
> *umso unsicherer werden sich die Menschen fühlen.*
> *Je mehr Unterstützung es gibt,*
> *umso unselbständiger werden die Menschen.*

Kapitel 57, Mitchell

Es ist weder Gleichgültigkeit noch Pessimismus, die den chinesischen Philosophen dazu bewegten, sich außen vor zu halten, sondern die Einsicht, dass es nie «die Verhältnisse» sind, die krasse Ungleichheiten schaffen, sondern die innere Haltung der Menschen, ihre Weltanschauung, die Gier nach Besitz, Macht und Ruhm. Laut Lao Tse ist der Weg des Himmels,

auszugleichen zwischen Überschwang und Mangel,
damit perfektes Gleichgewicht entsteht. [...]
Jene, die zu kontrollieren versuchen,
die mit Gewalt ihre Macht beschützen,
gehen gegen die Richtung des Tao.
Sie nehmen von jenen, die nicht genug haben,
und geben denen, die viel zu viel haben.

Kapitel 77, Mitchell

Die radikale Schlussfolgerung des Tschuang Tse:

Genug haben ist Glück, mehr als genug haben ist unheilvoll.
Das gilt für alle Dinge, aber besonders für Geld.

Lin Yutang, S. 211

Ist das ein Aufruf zum Kommunismus? Keineswegs. Eine zwanghafte Gleichmacherei zerstört individuelle Fähigkeiten. Da nicht einmal siebzig Jahre brutaler Zwangskollektivierung in der ehemaligen Sowjetunion etwas an der Wankelmütigkeit des menschlichen Herzens geändert haben, kann man beruhigt annehmen, dass die Ideologen falschliegen und die alten Weisen recht hatten.

Die Welt ist heilig.
Sie kann nicht verbessert werden.
Wer mit ihr herumpfuscht, wird sie ruinieren.
Wer sie als Ding behandelt, wird sie verlieren.

Kapitel 30, Mitchell

Interessanterweise gewinnt die vom britischen Wissenschaftler James Lovelock ausgearbeitete These, wonach die Welt eine Art lebender Organismus ist («Gaja-Hypothese»), an Zustimmung. Die wilde Fruchtbarkeit der Menschen und die rücksichtslose Ausbeutung der Natur können in einem derart komplexen System nicht ohne Folgen bleiben. Wir müssen unsere Lebensangst behandeln, statt die Neurose in einen immer absurderen Machbarkeitswahn umzusetzen.

> *Der Meister sieht die Dinge, wie sie sind,*
> *ohne sie kontrollieren zu wollen.*

Kapitel 30, Mitchell

Als Anweisung an Herrscher:

> *Versuche, nicht länger zu kontrollieren.*
> *Lass die fixen Pläne und Konzepte hinter dir,*
> *und die Welt regiert sich selbst.*

Kapitel 57, Mitchell

Tschuang Tse lässt in einem fiktiven Dialog zwischen Konfuzius und seinem Lieblingsschüler Yen Hui die Frage aufkommen: Wie soll sich ein Taoist verhalten, wenn die Politik übel ist? Yen Hui schlägt eine Reihe von Strategien vor: Man sollte offen und ehrlichen Herzens den grausamen Herrscher von seinen Irrwegen überzeugen. Konfuzius mutmaßt, eine derartige Aktion würde wohl mit einem abgeschlagenen Kopf enden. Als Alternative, meint Yen Hui, könnte man sich außen devot verhalten und innerlich aufrichtig bleiben. Wiederum zweifelt Konfuzius die Machbarkeit dieses Plans an – wie sollte das eine Wandlung des Herrschers bewirken?

Dem taoistischen Ideal zufolge hätte nur Aussicht auf Erfolg, wer sich innerlich vollkommen leer macht und dem Herrscher unvoreingenommen und ohne feste Pläne gegenübertritt. Nur ohne die innerliche Anspannung, etwas bewirken zu wollen, können *Yin* und *Yang* sich ungehindert entfalten, was uns die «Intuition» eingibt, zur rechten Zeit das Rechte zu tun, zu sagen oder sich passiv zu verhalten. Ohne «Besserwissen» spricht nicht länger intellektuelle Voreingenommenheit, sondern das Tao durch einen:

Die wahre Meisterschaft wird erlangt,
indem man die Dinge ihren eigenen Weg gehen lässt.
Durch Einmischung kann sie nicht erlangt werden.

Kapitel 48, Mitchell

Im 60. Kapitel des Lao Tse heißt es sinngemäß: Gib dem Bösen keine Angriffsfläche, und es wird von selbst verschwinden, der ursprüngliche Gleichgewichtszustand sich wieder herstellen. Es soll hier eindringlich vor einem weitverbreiteten Missverständnis gewarnt werden: Taoisten unterliegen keiner Moral der Konfliktvermeidung um *jeden* Preis. Menschen des Tao tun alles, um nicht aufzufallen, niemanden zu reizen oder herauszufordern, keinen Unfrieden zu stiften, sie sind nicht habgierig oder machtlüstern. Sollte dennoch eine verwirrte Seele zum Angriff schreiten, wird ein Taoist nicht dahocken und das Unheil über sich hereinbrechen lassen, sondern den Angreifer – je nach dessen Absicht – behandeln. Wie schon erwähnt, gehört für viele Anhänger des Tao ein Kampfsporttraining zur «Grundausstattung», weil Kampf ein Teil des Lebens ist.

Pazifismus träumt von einer Welt ohne Gewalt. Hat diese Philosophie den Wirklichkeitstest je bestanden? Hat selbstloses Aufopfern (selbst nach zweitausend Jahren christlicher Indoktrination) die Welt weniger gewaltbereit gemacht? Taoisten mögen sich nicht für fremde Ideale hergeben, und von einer Philosophie verlangen sie, dass sie in der praktischen Anwendung funktioniert.

Und wenn die Zeiten schlimm werden? Da empfiehlt Alex Anatole in guter Tradition:

Vermeide politische Revolutionen und mach dich beim ersten Geruch von Konflikt auf in die Berge.

The Truth of Tao, S. 349

Vom Nutzen des Nutzlosen

Offenbar haben es sich Menschen schon vor langer Zeit angewöhnt, in Nützlichkeitskriterien zu denken. Am auffallendsten bei den Geldhungrigen, die die Welt nur unter dem Gesichtspunkt potenzieller Profite sehen können. Mit Hilfe von Wissenschaft und Technik wird der Planet geplündert, bis selbst die riesigen Ozeane leer von Fischen, die endlosen Urwälder Amazoniens verschwunden sind. Weshalb Tschuang Tse bereits vor fast zweieinhalb Jahrtausenden resümieren konnte:

> *Jeder kennt den Nutzen des Nützlichen,*
> *aber niemand kennt den Nutzen des Nutzlosen.*

Taoisten sehen gern in die Tiefe, halten sich vor raschen Urteilen zurück. Werthaftigkeit ist eine Anschauung, die vielmals auf Vorurteilen beruht. Wie wertvoll ist ein Diamant? Nur so viel, wie jemand für den Klunker zu zahlen bereit ist. In Zeiten von Hungersnöten sinkt der Preis für Juwelen drastisch.

Dass sich hinter dem Lob der Effizienz oft genug eine ganze Lebenshaltung versteckt, enthüllt Nietzsche, wenn er den rastlosen Schaffens- und Erwerbstrieb skizziert:

> *Die gemeine Natur ist dadurch ausgezeichnet, dass sie ihren Vorteil unverrückt im Auge behält und dass dies Denken an Zweck und Vorteil selbst stärker als die stärksten Triebe in ihr ist: sich durch jene Triebe nicht zu unzweckmäßigen Handlungen verleiten lassen – das ist ihre Weisheit und ihr Selbstgefühl.*
>
> **Die fröhliche Wissenschaft, Buch 1, S. 3**

Worin liegt der Nutzen eines krummen Baumes, fragt Lao Tse? Um schelmisch zu antworten: dass die Holzfäller sich lieber die geraden

Stämme aussuchen. Welches Tier lebt besser – das nutzlose Wildpferd in der Steppe oder das gehätschelte Dressurpferd, das sich täglich quälen muss? Ähnlich ist es mit begabten Menschen: Der geniale Konzertpianist muss von Termin zu Termin rund um die Welt hetzen, ohne je Zeit zu haben, andere Talente zu entfalten. Je nützlicher jemand für die Welt ist, befand Tschuang Tse, umso mehr ist er in Gefahr, aufgrund eines aufgesplitterten und unvollständigen Daseins zu verbittern.

Für ein erfülltes Leben ist es unumgänglich, alle Seiten zu leben – auch die scheinbar wenig nützlichen. Ein Glamourleben unter den Augen der Öffentlichkeit gestattet dies niemals; immer sind die Rollenvorstellungen und Erwartungen anderer zu erfüllen. Daraus erhellt, warum die taoistischen Weisen auf ein stilles, durchschnittliches, unauffälliges Leben drängten. Wie viele ließen sich schon überreden, ihr Wohlbefinden für andere zu opfern – vergeblich auf eine Belohnung wartend?

Zurückhaltung bei moralischen Urteilen

1886 schrieb Friedrich Nietzsche – erstaunlich taoistisch gedacht – über den Zweck des Daseins:

> *Ich mag nun mit gutem oder bösem Blick auf die Menschen sehen, ich finde sie immer bei einer Aufgabe [...]: das zu tun, was der Erhaltung der menschlichen Gattung frommt. Und zwar wahrlich nicht aus einem Gefühl der Liebe für diese Gattung, sondern einfach, weil nichts in ihnen älter, stärker, unerbittlicher, unüberwindlicher ist als jener Instinkt – weil dieser Instinkt eben das Wesen unserer Art und Herde ist.*

Die fröhliche Wissenschaft

Zum Vergleich Tschuang Tse:

> *Was ich gut nenne, ist nicht die sogenannte Menschlichkeit und Gerechtigkeit, sondern die Erfüllung der Lebensinstinkte.*

Eine glasklare Einsicht, an der sich alle Religionen und Gesellschaftsideologien reiben, nicht zufrieden mit diesem naturgegebenen Umstand, lieber an den Menschen hin und her zerrend und dabei mordsmäßig viel Unglück und Verwirrung stiftend. Der Kapitalismus ist einerseits natürlich, da er dem menschlichen Überlebensdrang folgt; andererseits fördert seine Begleitideologie übermäßig die Habgier. Schaffen, Erwerben, Altes-Zerstören werden auf diese Weise zum moralisch Guten. Vorsichtig Abwägende, Bewahrende, Bescheidene werden zum Hindernis erklärt.

Der Buddhismus wiederum mit seiner eingebauten Sex- und Körperfeindlichkeit führt zu Vitalitätsmangel, das Christentum aufgrund seiner weltfremden moralischen Haltung zu chronischen Schuldgefühlen, der Islam aus Angst vor Frauen zu starren und rückständigen Gesellschaften. Während die herrschenden Hindukasten im Namen einer vorgeburtlichen Schuldverschreibung Millionen Landsleute zu einem lebenslangen Schattendasein verurteilen. Die einen berufen sich auf transzendentale Vorschriften, Auserwählten per himmlischem Telegraphen übermittelt; die anderen meinen, ihre private Vorstellung von Glück und Gerechtigkeit allen Nachbarn aufzwingen zu müssen. Zu Frieden und anhaltender Zufriedenheit hat nichts von alldem geführt. Was die Religionen in Angriff nahmen, war eine Umwertung: Das Natürliche, Instinktive ist «niedrig» (tierisch), die neue Moral (wie immer sie lautet) ist «höher».

Kontrollverlangen, Zielstrebigkeit, Besserwisserei und Rechthaberei schaffen jene Spannungen, die sich irgendwann gewaltsam Bahn brechen. Nehmen wir an, ein Nachbar feiert mit lauter Musik eine Party spät nachts und beeinträchtigt den Schlaf meiner Familie.

Dieses Verhalten sehe ich als falsch an, weil ich schlafen möchte; die Leute auf der Party sehen es aber als richtig an, weil die wummernden Bässe sie erregen. Nun könnte ich versuchen, mein Recht zu erzwingen (Nachtruhe ist ein *Recht*, ergo rufe ich die Polizei). Betrunken stimmen die Nachbarn zu, den Lärm zu reduzieren, doch sobald die Ordnungshüter weg sind, drehen sie die Lautstärke wieder auf. Jetzt bin ich also ohne Schlaf, habe die Polizei (vergeblich) bemüht und koche vor Wut. Bin ich nun besser dran als vor dem Anruf bei der Polizei oder schlechter?

Offensichtlich kann so ein Zustand unhaltbar werden, wenn er sich regelmäßig wiederholt. Dann stellt sich die Frage, ob ich nicht etwas übersehen habe, als ich mich neben einem Haus, das an Studenten vermietet wird, einquartierte? So, wie man die Nähe eines allnächtlich gutfrequentierten Gasthauses oder eine starkbefahrene Straße meidet, wenn man Ruhe haben will. Geschmeidigkeit, Vernunft und Vorsicht scheinen ein besseres Ergebnis zu bringen als ein Beharren auf seinem Recht.

Letztlich sind Taoisten Pragmatiker, keine Streiter der Theorie. Tschuang Tse stellte kühl fest: «Denksysteme von richtig und falsch sind Ergebnis menschlichen Urteils und haben nichts mit der Natur zu tun. Das zu verstehen gehört zum Kern des Taoismus.»

Bisweilen eskalieren Nachbarschaftsstreitigkeiten bis zu Zerstörung und persönlichen Angriffen; interessanterweise denken immer beide Parteien, die anderen wären im Unrecht. Chronische Rechthaberei (wo recht zu behalten zu einem Teil des Selbstwertgefühls wurde) ist ein sicherer Weg, die eigene Lebenszufriedenheit nachhaltig zu beschädigen.

Implizit fällt selbstverständlich jeder Taoist durch die gewählte Lebensweise ein Urteil. Das verlangt aber nicht, die eigene Lebensführung zum Vorbild zu erheben, andere zu bekehren oder sich in Diskussionen darüber zu ergehen. Natürlich begeht jemand, der sich dem Fluss des Tao querstellt oder gegen die Natur rebelliert, in den Augen von Taoisten einen Fehler; es gibt aber keinen Grund, die

Betreffenden deswegen zu kritisieren. Tschuang Tse: «Wer streitet, tut das deshalb, weil er seiner Sache nicht sicher ist.» Das Tao ist absolut, und darüber lässt sich nicht diskutieren.

Dem Individuum bleibt nur, dem Lauf des Tao nach bestem Wissen zu folgen.

Lao Tse warnte daher:

> *Sobald wir einige Dinge als schön bezeichnen,*
> *werden andere Dinge hässlich.*
> *Sobald wir einige Dinge als gut bezeichnen,*
> *werden andere Dinge schlecht.*

Kapitel 2, Mitchell

Oberflächlich betrachtet klingt das nach Relativismus: Ist gar nichts je wirklich gut oder schlecht!? Auf diese Weise sollte man die taoistische Philosophie nicht einengen. Was Lao Tse scheinbar naiv tut, ist, einfach zu fragen: Wer weiß schon immer ganz genau (ohne zu irren), was wirklich gut oder schlecht ist? Wenn wir diese Angelegenheit bis zum Endpunkt durchdenken, werden wir entdecken, dass jede üble Sache in einer Ausnahmesituation etwas Gutes haben könnte.

In einer bekannten chinesischen Erzählung entfalten sich verschiedene Situationen völlig anders, als es anfänglich den Anschein hat: Zuerst läuft dem Bauer ein Pferd weg, und alle Nachbarn bedauern ihn. Der lebensweise Landmann antwortet aber bloß: Man kann nie wissen, wie eine Sache ausgeht. Bald darauf kommt der Gaul mit Wildpferden im Schlepptau zurück. Diesmal gratulieren die Nachbarn, doch der Bauer bleibt ebenso bei seiner zurückhaltenden Betrachtungsweise. Und in der Tat, während der Sohn eines der neuen Pferde zuzureiten versucht, fällt er herunter und bricht sich den Arm. Kummervolle Nachbarn, wieder ein unbekümmerter Bauer. Bald darauf kommen Soldaten ins Dorf, um Jungmänner zu rekrutieren – doch des Bauern Sohn bleibt aufgrund seiner Verletzung verschont … Diese Geschichte macht deutlich, dass wir niemals den vollkommenen Überblick haben, um das Potenzial einer Lage völlig korrekt beurteilen zu können.

Was tun Taoisten, wenn sie in unerträgliche äußere Situationen gezwungen werden? Ihre Lebensweise opfern und sich einer unerwünschten Situation unterwerfen? Das ist ein recht kritischer Punkt. In der Tradition werden sehr viele Taoisten als «Wanderer» dargestellt, die durch ihre Lebensweise dem Druck der vorherrschenden gesellschaftlichen Werte (die sie in der Regel nicht teilen) einfach ausweichen. Nun lässt sich an diesem Verhalten zweifache Kritik üben: Zum einen hat nicht jeder die Möglichkeit, einen nomadischen Lebensstil zu pflegen, zum anderen könnte man den Vorwurf des Davonlaufens erheben (was auch geschehen ist).

Um diesen Punkt zu klären, ist es vielleicht gut, ein paar Prinzipien in Erinnerung zu rufen. Wem fühlen sich Taoisten in erster Linie verpflichtet? Dem «eigenen Trupp», das heißt Familie und Freunden. Das ist zugegeben eine Minimalgruppe, für die aber im Ernstfall ein Taoist bereit ist, sein Leben einzusetzen. Unter gewissen Umständen verteidigen Taoisten im Rahmen eines Militäreinsatzes ihr Land, wenn dies der einzige Weg ist, ihre Gemeinschaft zu retten; an einem Angriffskrieg werden sie aber nicht teilnehmen.

Evolutionsbiologen haben große Probleme, die selbstlose Aufopferung in ihre Theorien einzubauen, da sie in der Natur nicht vorkommt. Altruismus ist ein kulturelles Erzeugnis, der in manchen Breiten eine so lange Vorgeschichte hat, dass er eine Art Wahrheitsstatus besitzt. Einem Taoisten würde es im Traum nicht einfallen, das Leben eines Fremden über sein eigenes zu stellen – er würde dies als einen Verrat am eigenen Sein empfinden. Diejenigen, die das selbstlose Opfer heroisieren, sind vielleicht selbst gar nicht so mutig und opferwillig, hoffen aber, von einer allgemeinen Umerziehung in diese Richtung zu profitieren. Etwa machthungrige Politiker, die jungen Verwirrten einreden, ihr Selbstopfer würde im Jenseits belohnt werden.

Was bleibt einem unter diesen Umständen als Maßstab im alltäglichen Leben? Der Wirklichkeit, dem Lauf des Tao, so wie in der Natur ersichtlich, folgen. Das ist zwar nicht «moralisch», dafür spirituell. Hier unterscheidet sich die altchinesische Weisheit gravierend von den hellenistischen Philosophieschulen, die oft genug eine Tugendethik propagierten.

Leider sind wir so sehr gewohnt, «Spiritualität» als etwas Ideales, nicht auf diese Welt Abzielendes zu betrachten. Diese Ansicht teilen Taoisten nicht. Alex Anatole: «Spiritualität ist die Fähigkeit, die Wirklichkeit klar und deutlich zu sehen.»

Hier manifestiert sich ein augenfälliger Unterschied zu Christen und Buddhisten, die beide das Leben primär als Leiden ansehen – Erstere wollen ihm durch Glauben, Gebete und ein «ewiges Leben» nach dem Tod entkommen, wogegen Letztere mehr auf aktive «Selbstbefreiung» durch Meditation, Entsagung und Wohltätigkeit setzen. Taoisten dagegen wollen weder entsagen noch in Leid waten: Sie nehmen sich die Freiheit, ihr Leben als schön zu empfinden.

Tarnung dringend empfohlen

Taoisten sind anders, aber nur, weil sie bemüht sind, ihrem eigenen Wesen zu folgen, und nicht, um sich hervorzutun. Wer seinem Wesen folgt, dem bleibt letztlich nichts anderes übrig, als sich eine Lebensnische zu suchen – ohne die eigenen Anschauungen an die große Glocke zu hängen. Deshalb der glasklare Rat des Lao Tse:

> *Wer immer weich und nachgiebig ist,*
> *ist ein Lehrling des Lebens.*

Kapitel 76, Mitchell

In einer anderen Version rät Lao Tse im selben Kapitel: «Wenn ein Baum hart ist, wird er gefällt werden» – weil er gut sichtbar in der Landschaft steht; wogegen das mickrige, verkrümmte Gewächs kein störendes Interesse (wer will schon gefällt werden?) auf sich zieht. Genauso denkt der praktizierende Taoist und hält sich deshalb von statusbetonenden Haltungen fern.

Intellektuelles Gehabe kann das Tao niemals ergründen. Wie schon der große Wittgenstein empfahl: Wenn wir nicht exakt ausdrücken können, was wir meinen, schweigen wir besser. Die Unwilligkeit, sich auf Debatten einzulassen, hat einen zusätzlichen Grund: Argumente fruchten nichts. Fragen Sie sich einmal ganz offen, ob es Ihnen je im Leben gelungen ist, jemanden in einer ganz grundlegenden Frage wirklich durch ein Argument zu überzeugen. Das Ego sucht Bestätigung, nicht Kritik. Der fromme Wunsch der Aufklärung, durch Logik und Bildung die Menschen zu erziehen, ist von A bis Z gescheitert. Das menschliche Herz ist schlicht unwillig – wenn, dann fällt es auf Verführung herein.

Haben Gespräche nicht vornehmlich eine soziale Funktion? Man tauscht sich aus und stimmt einander zu, und jeder fühlt sich gut dabei. Das kalte Licht der Wahrheit kann da nur stören. Vermutlich stieß deshalb Sokrates im alten Athen nicht nur auf Gegenliebe, wenn er die Leute herausforderte, ihre Annahmen auf Stichhaltigkeit zu überprüfen. Laut taoistischer Anschauung fühlt sich jeder Mensch beinahe instinktiv zu der ihm eigenen Wahrheit hingezogen, und jeder Versuch, die Menschen davon im Namen einer «höheren Wahrheit» abzubringen, ist bloß kontraproduktiv.

Selbst wenn sie nicht verfolgt werden und in einer Demokratie leben, geben sich Menschen des Tao nicht zu erkennen. Das mag im Zeitalter der freiwilligen Seelenentblößung in Massenmedien paranoid anmuten. Aber es ist leichter zu verstehen, wenn man den Spieß umdreht und untersucht, womit eine Gesellschaft ihre Menschen bei der Stange hält: mit der Anforderung, möglichst hart zu arbeiten, oder mit dem moralischen Anspruch, sich im Namen von Gleichheit und sozialer Gerechtigkeit für andere aufzuopfern (nur seltsam, dass die Politiker, von denen diese Forderung kommt, selbst immer ein wenig «gleicher» sind). Nicht zu vergessen die recht gezielte Aufstachelung von Begierden. Das alles sind keine neuen Erfindungen, diese Gängelmechanismen gibt es seit Jahrtausenden. Wer da nicht mitmacht, wird schnell einmal als «Verräter», «Außenseiter» oder «Abweichler» gebrandmarkt. Objektiv ist das unfair – aber was hilft es? Da bleibt Taoisten nichts anderes übrig, als ihre Haltung zu verschweigen, um sich nicht zur Zielscheibe für die eifrigen Wachhunde des Status quo zu machen.

Mit den Worten der Meister vom Huainan:

> *Jene, die den Weg gefunden haben, ändern sich äußerlich, aber nicht innerlich. Sich außen anzupassen erlaubt ihnen, an der Gesellschaft teilzuhaben. Die Tatsache, dass sie sich innerlich nicht ändern, erlaubt ihnen, ganz zu bleiben. Daher haben sie ein stabiles inneres Leben, während sie nach außen hin in der Lage sind, sich an die Änderungen der anderen anzupassen.*

Nicht herausragen wollen

Bescheidenheit gehört zu den Lebensrezepten des Lao Tse. Nicht eine falsche Bescheidenheit, die sich insgeheim überlegen fühlt, vielmehr Bescheidenheit als Teil einer philosophischen Überzeugung, dass man sich an exponierter Stelle mehr Ärger als Freude einhandelt. Tschuang Tse fragte spöttisch: «Ist es nicht traurig, dass die Narren davon abhängig sind, was sie sehen, und sich selbst darauf begrenzen?»

Sich selbst in äußeren Leistungen zu suchen schafft Abhängigkeit – und die meiden Taoisten wie die Pest.

Es hat noch einen weiteren Grund, warum Anhänger des Lao Tse nicht aufzufallen trachten: Sie wollen ihren inneren Frieden nicht gefährden. Der Alte Meister hatte höchst pragmatisch beobachtet: Wer Reichtum anhäuft, produziert Verbrechen; wer nach Macht strebt, ruft Neid hervor; wer seine Schönheit herausstreicht, erzeugt Schamgefühle bei den weniger vom Schicksal Begünstigten. Wer sich der öffentlichen Beurteilung aussetzt, kann nicht authentisch leben und fällt folglich aus dem Seelenfrieden heraus. Nun ist die gesamte westliche Kultur auf Zurschaustellung und Neidproduktion ausgerichtet, aber wie falsch und schädlich das ist, kann man leicht am schlechten psychischen Zustand der Menschen ablesen. Je mehr Frauenzeitschriften äußere Schönheit betonen, umso elender fühlen sich ihre Leserinnen.

Lao Tse erinnert uns daran in seiner brillanten Poesie:

Füll deine Schüssel bis zum Rand,
und sie wird übergehen.
Schärfe fortwährend dein Messer,
und es wird stumpf.
Jage Geld und Sicherheit hinterher,
und dein Herz wird sich niemals entkrampfen.
Sei besorgt um der Menschen Zustimmung,
und du bist ihr Gefangener.

Kapitel 9, Mitchell

Das Verlangen, sich hervorzutun, ist die Wurzel zwischenmenschlicher Konflikte. Sobald ich mich über andere erhebe, erzeuge ich automatisch Neid, Gier, Wut, Hass, Unbehagen. Deshalb lautet das Rezept des Lao Tse für einen ausgeglichenen Umgang miteinander:

Wenn du zufrieden bist, einfach du zu sein,
und nicht wetteiferst und dich nicht mit anderen vergleichst,
wird dich jeder respektieren.

Kapitel 8, Mitchell

Dass sich die Menschheit so extrem in Besitztumsgier hineingesteigert hat, kann nach taoistischer Einsicht nur schlecht enden.

Die Ungleichgewichte werden seit Jahren extremer: Verdiente in den USA früher der Herr Direktor (es waren immer Männer) maximal das 40fache des am geringsten bezahlten Angestellten, so räumen sie heute zumindest das 400fache in die eigenen Taschen (obwohl sie im Grunde auch nur Angestellte sind, die ihren Job erfüllen und kein eigenes Geld riskieren). Da in Zeiten stagnierender Löhne nur mit Geld weiteres Geld gemacht werden kann, ist logisch, dass die Reichen in einer globalisierten Welt immer reicher werden. Die Folgen sind nach Lao Tse vorhersehbar:

Wenn Besitz überbewertet wird,
beginnen die Menschen zu stehlen.

Kapitel 3, Mitchell

Aus taoistischem Blickwinkel führt übermäßiges *Yang*-Streben zu einem ebenso großen *Yin*. Absolut nichts kann den notwendigen Ausgleich aufhalten (*Yin* = Zerstörung). Also sind uns Aufstände, Revolutionen und Kriege auch künftig gewiss – selbst wenn das angesichts von Demokratie und Massenwohlstand keiner glauben mag. In den USA besitzt heute 1 Prozent der Wohlhabendsten rund 40 Prozent des gesamten Reichtums; ginge das ungebremst so weiter, würden eine Handvoll Familien, Fonds und Konzerne in hundert Jahren die gesamte Welt besitzen.

Der in den letzten Jahrzehnten so überbetonte Ehrgeiz führt zu einer angespannten Lebenshaltung, und diese Spannung wird sich lösen müssen. Wo Ambitionen übermächtig werden, ist ein Leben in Frieden unmöglich. Ein Prinzip, wonach «Sieger» die gesamte Beute einfahren können, mag eine Zeitlang unter Räuberbanden funktionieren, kann aber global nicht gut ausgehen.

Das Ideal der Weisen sieht anders aus:

Erschaffen und pflegen,
haben, ohne zu besitzen,

ohne Erwartungen zu handeln,
führen, ohne zu kontrollieren,
das ist Erleuchtung.

Kapitel 10, Mitchell

Himmel und Erde vereinen

Wie im Kapitel über *Yin* und *Yang* dargelegt, sind Harmonie und Gleichgewicht zentrale Ideen im Taoismus. Wer in einer westlichen Großstadt lebt, kann sich schlecht für eine Existenz als Höhleneremit entscheiden. Das ist auch gar nicht notwendig. Ein kreatives, aktives, nach außen orientiertes Leben verlangt einen beschaulichen, ruhigen, nach innen gerichteten Gegenpol. Um eine Balance zu erzielen, braucht das Verhältnis durchaus nicht 50 : 50 zu lauten – es sollte aber im Einklang mit dem inneren Wesen stehen. Wir alle kennen Zeiten, in denen wir tatendurstig sind (da hätte es keinen Sinn, sich zu Meditation und Reflektion zwingen zu wollen), und andere, da wir uns träge fühlen (wo es ebenso schädlich wäre, zwanghafte Aktivität zu entfalten). Der Winter ist eine Zeit, in der *Yin* vorherrscht – übermäßige Aktivität endet da häufig mit einer Erkältung. Statt dies als einen deutlichen Hinweis aufzufassen, einmal Ruhe zu geben, stopft sich der Großstadtmensch mit Tabletten voll, um ja nicht in seiner Hektik nachzulassen.

Wer die Essenz der bisherigen Kapitel zusammenfassen möchte, ist mit den drei Schätzen des Lao Tse gut bedient:

Ich habe drei Schätze;
Bewahre und hüte sie:
Der erste ist die Liebe.
Der zweite heißt: nie zu viel.
Der dritte ist: nie der Erste sein.

Kapitel 67

Der *erste Schatz* ist nicht wirklich «Liebe» nach unserem Verständnis, weil das in diesem Zusammenhang dann «Weltliebe» (Altruismus, Pazifismus) heißen müsste, und die liegt Taoisten fern. Lao Tse selbst definiert das fälschlich mit «Liebe» (oder bisweilen treffender mit «Einfachheit») übersetzte Ideogramm ein paar Zeilen später so: «Durch Liebe hat man keine Angst. [...] Denn die Liebe ist siegreich im Angriff.» Alex Anatole erläutert in seinem Buch *The Truth of Tao*, dass unter «Liebe» hier drei Aspekte verstanden werden müssten: Akzeptanz, sich sorgend um seine Nächsten kümmern und Einfachheit. Die drei kommen aber nur in der «rechten Handlung» zusammen, weshalb auch diese Dimension noch zu dem simplen Liebesbegriff gehört.

Den *zweiten Schatz* könnte man mit «goldene Mitte» betiteln. Lao Tse und Tschuang Tse werden nicht müde, Ausgewogenheit zu empfehlen. Taoisten meiden Exzesse, weil sie ihre Lebensenergie für bessere Ziele brauchen (z. B. auf gesunde Weise alt zu werden). Sie meiden auch zu viel Bequemlichkeit, Luxus und dergleichen, nicht aus moralischen Gründen, sondern weil sie das innere Gleichgewicht beziehungsweise die Lebenskraft schädigen.

Was den *dritten Schatz* betrifft, so wurden entsprechende Hinweise bereits unter den Überschriften «Tarnung» und «Nicht herausragen wollen» gegeben.

Übung 3

Sie haben jetzt zwei kurze Notizen – Ihre Wunschliste vom 2. Kapitel und Ihren «idealen Tag» vom Ende des 3. Kapitels. Vergleichen Sie nun ehrlich beide Aufzeichnungen; besonders Diskrepanzen sind wichtig. Beispiel: Wenn auf der ersten Liste unter «Wünschen» etwa «einmal einen Roman schreiben» vorkommt, aber auf Liste 2, wo Sie Ihren idealen Tagesablauf beschreiben, keinerlei schriftstellerische Tätigkeit auftaucht, dann wissen Sie, dass der

Traum vom Roman einer dringenden Realitätsprüfung bedarf. Sind Sie wirklich versessen darauf, Monat um Monat einsam vor der Tastatur zu sitzen und Worte aneinanderzureihen, selbst wenn die Aussicht, je veröffentlicht zu werden, marginal ist? Oder sind Sie eher in die romantische Idee eines Schriftstellerdaseins verliebt? Sie werden nur Erfolg haben mit etwas, das Sie liebend gern jeden Tag tun, auf das Sie Ihr volles Interesse richten …

Der «perfekte Tag» aus taoistischer Sicht soll so angenehm für Sie sein, dass Sie ihn – um einem Diktum Nietzsches zu entsprechen – auf alle Ewigkeiten wiederholen wollen. In unserem materialistischen Zeitalter kann so eine Vision leicht zu einem «konsumistischen Overkill» ausarten. Beginnen Sie mit dem Naheliegenden: Was brauchen Sie, um sich rundum glücklich zu fühlen?

Wie steht es mit dem Verlangen nach Anerkennung: Wären Sie tatsächlich glücklicher, Tag für Tag im Rampenlicht zu stehen? Um die Umwelt zum Schulterklopfen zu veranlassen, muss man gewillt sein, ihr ständig zu geben, was sie verlangt – nicht gerade eine gute Voraussetzung für Unabhängigkeit.

Die Vision Ihres perfekten Tages muss glasklar sein: Was benötigen Sie wirklich, um ein glückliches Leben zu führen? Zu einer Minimalanforderung gehören wohl Liebe, eine gewisse materielle Sicherheit, Gesundheit … Überlegen Sie gut, was Ihre ganz persönliche Werteliste krönt. Der Kern dessen ist ihr «innerer Polarstern».

Erstellen Sie eine Rangfolge Ihrer wichtigsten Werte; begnügen Sie sich nicht mit abstrakten Begriffen wie «Freiheit», sondern notieren Sie, was Freiheit *konkret* in Ihrem Leben bedeutet, wozu sie eingesetzt wird, wo sie keinesfalls fehlen darf, ob es Bereiche gibt, wo andere Werte schwerer wiegen usw. Seien Sie ehrlich mit sich. Wenn etwa «Gesundheit» unter den führenden Werten rangiert, dann impliziert diese Wahl gewisse Konsequenzen – wahlloser Sex und durchtanzte Drogennächte kommen ebenso wenig in Frage, wie im Winter in heiße Gegenden zu jetten. Auch neidvolles

Schielen auf des Nachbarn Wohlstand erübrigt sich, wenn der bereit ist, sich Tag und Nacht dafür zu schinden und seine Gesundheit zu opfern.

Noch eine Warnung: Behalten Sie Ihre Analysen für sich. Wenn Sie nach Zustimmung lechzen, sind noch nicht alle emotionalen Altlasten ans Tageslicht befördert worden. Durch das Tor der Halbheiten führt kein Weg ans Licht.

Natürlich leben

Alle Kreaturen unter der Sonne wissen, wie man [richtig] lebt. Warum weiß es der Mensch nicht?

Meditationsgedicht von Kao Pa-Lon

Aristoteles, der streng rationale Denker, war von taoistischem Geist inspiriert, als er weise feststellte:

Was einem Wesen von Natur eigentümlich ist, ist auch für es das Beste und Genussreichste.

Die Nikomachische Ethik, 10. Buch, Kapitel 7

Stellt sich die Frage, *was* es eigentlich ist, das einen Menschen ausmacht. Dem hellenistischen Weisen galt die Vernunft und ihr Verlangen nach Erkenntnis als dem menschlichen Wesen urtümlich. Für die Weisen des chinesischen Altertums war der «unverbogene» Mensch mit all seinen urwüchsigen Bedürfnissen (inklusive Körper und Herz) der einzig akzeptable Lebensmaßstab. Wenn der Fisch sich im Wasser am wohlsten fühlt – was ist dann des Menschen Element? Das Tao!

Es macht zwar einen Unterschied, ob wir als Nomaden oder in einer High-Tech-Umwelt mit Millionen auf engstem Raum zusammengepfercht leben. Dennoch bleiben grundlegende Lebensbedürfnisse unverändert: ein eigener Platz, ungestört bleiben von äußerer Einmischung, mit Gleichgesinnten beisammen sein, sich um die Seinen kümmern, den eigenen Begabungen folgen können usw.

Was verursachte den Abfall der Menschen von ihrem wahren Wesen und den damit einhergehenden Aufstieg von Rechten, Gesetzen, moralischen Vorschriften und allen übrigen Formen der Unterjochung? Religiös motivierte Moralisten behaupten, der Mensch wäre ursprünglich böse, käme schon schlecht auf die Welt. Die Evolutionstheoretiker wiederum phantasieren von verbesserten Überlebenschancen einer Gruppe, wenn sie andere übervorteilten oder bekämpften. Gibt es den geringsten Beweis für beide Behauptungen?

Die Meister von Huainan erklären das Entstehen des Bösen nicht evolutionstheoretisch oder metaphysisch, sondern mit zunehmender Unsicherheit unter den Menschen:

> *Es gab eine Zeit, da wurden keine Belohnungen zum Ansporn eingesetzt, noch Bestrafungen als Drohung. Es gab keine Sitten, Pflichten und kein Gewissen. Es wurde niemand verdammt oder gelobt, es gab weder Liebenswürdigkeit noch Bösartigkeit. Dennoch waren die Menschen nicht aggressiv, betrügerisch, roh oder grausam zueinander. Sie waren immer noch ohne Schamgefühl.*
> *Als die Gemeinschaft verdarb, gab es viele Menschen, aber wenige Güter. Die Menschen arbeiteten hart für ihr Überleben und hatten dennoch zu wenig. Da kamen Zorn und Auseinandersetzungen auf, und Güte wurde wertgeschätzt. Mit einmal galten manche als gut, andere als schlecht, und Partei- und Günstlingswirtschaft begann sich zu entwickeln. Die Menschen wurden vorsätzlich schlau und betrügerisch. Auf diese Weise gingen die natürlichen Tugenden verloren, und Pflichten wurden geschätzt.*

Dem eigenen Selbst folgen

Die beiden amerikanischen Psychologen und Therapeuten Carl Rogers und Abraham Maslow konzentrierten sich in ihren Studien auf die Entfaltung des menschlichen Potenzials. Den «selbstverwirklichten» Menschen beschrieben sie mit folgenden Attributen:

- Akzeptanz der Realität
- Eine genaue Wahrnehmung der Wirklichkeit
- Wertschätzung der Natur
- Innere Freiheit
- Fähigkeit, auch mit schwierigen Umständen fertigzuwerden
- Sich selbst als ungeteilt wahrnehmen
- Eine eigenständig entwickelte Moralvorstellung
- Mitgefühl
- Bescheidenheit
- Kreativität
- Verlangen nach tiefer Kommunikation
- Spontaneität
- Keine Notwendigkeit für Selbstrechtfertigung
- Sehnsucht nach einem spirituellen Leben
- Gleichgültigkeit gegenüber Statussymbolen
- Skeptisch gegenüber den Verheißungen von Wissenschaft und Technik
- Wiederholte Spitzenerfahrungen

Das klingt wie die Beschreibung eines praktizierenden Taoisten. Trotzdem wäre es verfehlt, zu erwarten, dass jeder so denkt/lebt. Allzu oft reiben sich Idealisten an der kantigen Wirklichkeit. Menschen, die dem Tao folgen, nehmen die Welt, wie sie ist. Es ist aber heute nicht einfach, «natürlich» zu leben. Wenn wir zu lange nach vorgegebenen Werten und künstlichen Verhalten leben, verändert sich unser Wesen. Dann versandet allmählich unsere eigentliche

Natur, und wir passen uns an das an, was gerade als gut und richtig erklärt wird. Da Taoisten sich innerlich nicht mit den gesellschaftlichen Moden ändern, bleiben sie ganz. Hedonisten behaupten auch, sich «natürlich» zu verhalten, wenn sie jeder einschießenden Laune nachgeben. Aber Impulse eines gekrümmten Gemüts sind nicht länger «natürlich».

Im Kreislauf der Natur ist Fressen und Gefressenwerden natürlich – kein sehr angenehmer Gedanke für uns. Deshalb kennt jedes höhere Lebewesen Furcht. Es gibt esoterische Schulen, die fordern, dass man über die Angst hinauswachsen solle, geradezu als Ausweis der «Erleuchtung». Als überlegende Realisten denken Taoisten anders – Furcht vor dem Verlust des Lebens ist tief in unser Wesen eingeprägt. Ein Krieger, der sich nicht fürchtet, ist bald tot. Nur gefühllose Wesen oder allwissende Entitäten können gänzlich ohne Furcht sein; angesichts arg begrenzter Einsichten sehen wir uns tagtäglich konfrontiert mit Neuem, Unbekanntem, Unwägbarem, Mysteriösem. Ein Mensch des Tao akzeptiert diese Tatsache und bleibt dabei auf der Hut … wie jemand, der einen gefrorenen Teich überquert.

Die sieben Grundhaltungen der Weisen

Lao Tse schildert einen menschlichen «Urzustand», in dem wir in Harmonie mit dem Tao leben. So zu leben bedeutet, innerlich ruhig zu werden. Innerlich unerschütterlich zu sein heißt nicht, allen Dingen und Menschen gegenüber gleichgültig zu bleiben. Taoisten haben genauso Vorlieben und Abneigungen, können in Debatten verwickelt werden, Begierden verspüren, sich ärgern usw. Das ist nur natürlich, denn als Lebewesen sind wir unvermeidlich eingespannt in das Wechselspiel der Kräfte: *Yang* wird aufgebaut bis zu einem Maximum, dann folgt unweigerlich die Abbauarbeit des *Yin*. Nicht davon betroffen ist das Zentrum der Stille. Wie sie erlangen?

Lao Tse charakterisiert im 15. Kapitel die sieben wesentlichsten Haltungen, die man pflegen sollte:

> Behutsam, *wie beim Überschreiten eines Flusses im Winter;*
> Unentschlossen, *wie wenn von überall Gefahren drohen;*
> Ernsthaft, *wie wenn man zu Gast ist;*
> Nachgebend *wie schmelzendes Eis;*
> Echt *wie ein Stück unbearbeitetes Holz;*
> Offenherzig *wie ein Tal;*
> Aufnahmebereit *wie trübes Wasser.*

Das klingt uns nicht allzu verlockend. «Unentschlossen», wo doch alle Welt Ich-stärkende Kurse fordert, wo Mode und Medien die kultische Selbstverherrlichung ausloben. Voller Selbstvertrauen in ein Sperrfeuer zu rennen hat Millionen Infanteristen unter die Erde gebracht. Wenn die fetten Kommandeure vom Generalstabszimmer feurig «Entschlossenheit» von den Fußtruppen fordern, sollten sie doch mit gutem Beispiel vorangehen.

Taoisten stemmen sich nicht zähneknirschend gegen die Wirklichkeit, sondern fließen mit dem Tao. Wer die Illusion aufgibt, sein Leben beziehungsweise die Welt kontrollieren zu können, braucht nicht fortwährend den «unbeirrt Zupackenden» zu mimen. Wer weiß, dass man letztlich nichts festhalten kann, wird nicht forciert nach Besitz streben (Lao Tse: «Wer dieses Tao umfasst, hütet sich, übervoll zu werden», Kapitel 15). Tschuang Tse beschreibt diese Lebenshaltung so:

> *Die Reinen der Vorzeit schliefen traumlos und erwachten sorglos. Sie aßen ohne Rücksicht auf Wohlgeschmack und atmeten tief […] und wussten nicht, was es heißt, das Leben zu lieben und den Tod zu hassen. […] Gelassen kamen sie und gelassen gingen sie. […] Heiter nahmen sie das Leben an …*

Lin Yutang, S. 84

Menschsein schließt Gefühle mit ein, auch traurige. Menschen wie auch Menschenaffen bevorzugen sonniges Wetter vor nasskaltem, bevorzugen die heitere Ausgelassenheit des lauen Sommerabends vor der strengen Verschlossenheit des kaltgrauen Wintertages. Aber so ist nun mal das Leben. Kein Grund, deswegen unglücklich zu sein:

> *Bisweilen betrübt wie der Herbst und bisweilen warm wie der Frühling, sind ihre Freude und Trauer in unmittelbarer Berührung mit den Jahreszeiten, im Einklang mit der ganzen Schöpfung ...*
>
> TSCHUANG TSE, Lin Yutang, S. 84

Die Zufriedenheit rührt daher, dass der dem Tao folgende Mensch keine Versuche macht, das Leben zu beherrschen, Güter anzuhäufen, andere Menschen zu betrügen oder sich bei den Nachbarn einzuschmeicheln. Da ein Taoist selten etwas anstrebt oder begehrt, kann er kaum etwas verlieren. Das mindert die Angst und somit auch die Abhängigkeit von künstlichen Ablenkungen oder wohlwollender Zustimmung. Es gilt, der eigenen inneren Stimme mehr Gehör zu schenken als den vorherrschenden Anschauungen. Das Tao kann man nicht in Dogmen oder Gesetze pressen; man kann es nicht einmal «kennen», bloß intuitiv erahnen. Äußere Autoritäten wie Gesetze werden als Tatsache akzeptiert, ohne notwendigerweise an deren «Wahrheitsgehalt» zu glauben.

Die Kunst des rechten Handelns

Der wahre Weise, stellte Tschuang Tse fest, sucht weder Gewinn, noch meidet er Verluste – ökonomische Effizienzkriterien, die mittlerweile gar an intimen Beziehungen nagen, schlagen in einem taoistisch inspirierten Dasein keine Wurzeln. Die Welt wird sich immer um etwas streiten; auf diese Weise lässt sich keine innere Ruhe finden. Und Einigkeit wird auch niemals unter allen Menschen herrschen – warum sich also zusätzlich entzweien? Der Mensch des Tao «verlangt von den Menschen nichts und richtet sich nicht nach strengen Anstandsregeln» (Tschuang Tse, Lin Yutang, S. 114).

Je mutwilliger man etwas verfolgt, desto mehr Widerstand ruft man hervor:

In unbeschwerter Leichtfertigkeit geht die Mitte verloren;
In eiliger Tat geht die Selbstzucht verloren.

Lao Tse, Kapitel 26

Nun sind Taoisten zwar keine Antikapitalisten, aus der simplen Einsicht heraus, dass der Kapitalismus sich ausbreitet, weil er einer auf Besitz ausgerichteten Kultur entspricht. Die Menschen nehmen, was sie kriegen können, und wer Gelegenheit hat zu mehr, nimmt mehr. Es gibt aber keinen Grund, aus diesem Umstand eine Pflicht, eine Art Moral zu basteln, wie es die amerikanische Philosophin Ayn Rand tut. Wenn im Geschäftsleben eine Firma einen Auftrag gewinnt, muss ein Mitbewerber ihn verloren haben. Wenn irgendwo auf der Welt ein Mensch Milliarden anhäuft, müssen anderswo sehr viele Menschen Geld verlieren (sei es, dass sie zu geringe Löhne bekommen oder zu wenig für ihre Rohstoffe, da sie im Spiel der Marktkräfte der stärkeren Seite nicht widerstehen können).

Streben um des Strebens willen (Profite um des Profites willen) erschien Taoisten immer als unnatürlich. Tschuang Tse erzählte die Geschichte eines einfachen Gärtners, der von einem Jünger des Konfuzius besucht wurde. Der junge Gelehrte versuchte den Gärtner zu motivieren, statt der unrentablen händischen Plackerei doch Geräte einzusetzen, um den Ertrag zu steigern. Der Landmann entgegnete:

Wer listige Geräte besitzt, ist auch in seinen Geschäften listig, und wer listig in seinen Geschäften ist, trägt auch

List im Herzen. Wenn List im Herzen eines Menschen sitzt, hat er etwas verloren und wird ruhelos. Mit dieser Ruhelosigkeit des Geistes fliegt das Tao fort.

Lin Yutang, S. 187

Taoisten neiden anderen Menschen weder ihr Glück noch ihre Vorzüge. Und sie durchschauen natürlich auch, dass die vom Glück Begünstigten gern Lebensanschauungen hochhalten, die ihren Reichtum rechtfertigen. Das innere Wesen bleibt nicht unversehrt, wenn man die eigenen Fähigkeiten zur Vorteilnahme oder Täuschung der Mitmenschen einsetzt:

Man sollte mit anderen Menschen leben, ohne zu wissen, wohin man geht, und so die Reinheit des Charakters bewahren. Fertigkeiten, Verwendbarkeit und List führen zum Verlust des Herzens. Dieser Mensch [der taoistische Weise, Anm.] jedoch tut nie etwas [Erzwungenes, Anm.] und geht nirgends hin, ohne dem Zuge seines Herzens zu folgen. Wenn ihn die ganze Welt lobt und versteht, ist ihm das gleichgültig, und wenn ihn die ganze Welt tadelt und missversteht, nimmt er das ebenso wenig zur Kenntnis. Ruhm und Tadel berühren ihn nicht. Er hat Ganzheit des Charakters erlangt.

Lin Yutang, S. 188

Dahinter steht keine moralische Mahnung zu Ehrlichkeit und Bescheidenheit, sondern die Einsicht, dass nichts auf der Welt wichtiger ist als Seelenfrieden – und man klugerweise von sich aus alles unterlässt, das ihn gefährden könnte. Für einen Taoisten ist es also letztlich unwichtig, wo «*Yang* hinfällt» (= wer Glück hat), wessen Anstrengungen reichlich Früchte abwerfen und wer den rauen Kittel des Verzichts tragen muss. Das entspricht einem kosmischen Spiel der Wechselkräfte und ist durchaus nicht persönlichkeitsbezogen (die philosophischen Taoisten bemühen auch kein «individuelles Karma» aus einem Vorleben, das «abgetragen» werden müsste – was bloß den Siegern ein gutes Gewissen verleiht).

Das wirkliche Problem entsteht in der Wertung des Betrachtenden. Wer der Meinung ist, Geld oder Ruhm zähle mehr als alles andere, wird natürlich fortwährend leiden, sobald er andere wahrnimmt, die reicher/berühmter sind. Solange ich nach etwas giere, das ich nicht habe, schaffe ich in mir Anspannung und Unzufriedenheit … wovon nicht einmal ein Erreichen des Ziels befreit, weil dann schon der nächste Wunsch auf Erfüllung wartet. Und so geht das Spiel des schädlichen Vergleichens von neuem los. Wer gesellschaftlichen Status mehr begehrt als alles andere, muss vom Kelch des bitteren Neides nippen, sobald jemand anderer erhöht wird. Wer für sein Aussehen lebt, wird angesichts alternder Haut in tiefste Depressionen stürzen. Allesamt hausgemachtes Leid. Dasselbe gilt auch für die vom Glück Begünstigten, die sich einbilden, den Wohlstand zu «verdienen». Lao Tse warnt ausdrücklich:

Auf Reichtum und Ehre stolz sein
Heißt den Samen für den eigenen Untergang säen.

Beispiele dafür gibt es in Hülle und Fülle. Jedem bekannten Hollywoodstar müsste klar sein, dass Begabung, Schönheit, Ruhm und Reichtum Geschenke der Götter sind. Da viele im Wahn leben, sie selbst wären Urheber ihres Glücks, stürzen sie alle ab, einer nach dem anderen. Wer einmal berühmt ist, leidet am Verblassen des Ruhmes – warum also danach streben?

Klarheit gewinnen, Verwirrung meiden

Nichts raubt mehr Lebensenergie als widersprüchliche Lebensprinzipien. Wer nach Abenteuer und Freiheit strebt, daneben aber auch Sicherheit und Bequemlichkeit begehrt, wird am Ende weder das eine noch das andere erhalten. Weshalb sich ein Taoist über sein eigenes Begehren im Klaren ist.

Falls noch Zweifel bestehen: Ja, ich bin der Überzeugung, dass das Denken der Menschen im 20. und 21. Jahrhundert selbstzerstörerisch ist und aufgehört hat, richtig zu funktionieren. Wir machen wissenschaftliche Fortschritte, aber es ist zunehmend unklar, wem sie dienen. Wir verfolgen mit riesigem Aufwand Wissen um des Wissens willen, während wir gleichzeitig die Brücken hinter uns verbrennen. Wir bejahen im Namen des «Fortschritts» ein immer künstlicheres Leben, ohne je innezuhalten und zu fragen: Wessen Glück wird da befördert? Man vergleiche die wissenskritische Haltung der frühen Taoisten mit jenen der Platonisten. Porphyrius stellte einmal fest:

> *Glückförderndes Nachdenken besteht nicht in der Anhäufung von Argumenten oder einem Lagerhaus von angelerntem Wissen; aber für uns [Philosophen und Weisheitssucher] muss Theorie zur Natur und dem Leben selbst werden.*

Wir leben, als wären wir hilflos auf ein sich beschleunigendes Förderband geschnallt, dessen Lauf wir ungefragt folgen müssen. Wir haben keinen (oder nur noch einen abstrakten, verkitschten) Bezug zur Natur; Gier wütet und rast um den Planeten und zerstört alles – von der Umwelt bis zur menschlichen Seele. Die Medien indoktrinieren uns, steigende Verbrechens-, Sucht-, Scheidungs- und Depressionsraten als «normal» hinzunehmen. Gigantisch anwachsende Müllberge, leergefischte Meere, aussterbende Tier- und Pflanzenarten – sind dies Beweise für den Wert von «Information», von «Wissen», von «wertfreier Wissenschaft», von «Wohlstand»?

Wir leben so sehr in Kunstwelten – vom Arbeitsplatzbildschirm direkt zum Wohnzimmerbildschirm und retour –, dass wir den Kontakt mit dem, was *in uns* echt und natürlich ist, verloren haben. Was zu Stress, Frustration und Böswilligkeit führt. Darum finden wir auch keinen Lebenssinn mehr und vergeuden unsere Zeit mit sinnlosem Karrierestreben und weltzerstörendem Konsum. Tiere demolieren ihr Lebensumfeld nicht mutwillig. Wenn unsere Umwelt, unsere Sozialsphäre, unsere seelische Landschaft nach und nach zerfallen, können wir morgen Goldklumpen kauen, aber nicht überleben. Mehr «Information» ändert an diesem verhängnisvollen Kurs nichts.

Wir sind dank unserer Datensammelwut clever im Ausbeuten von Ressourcen, aber alles andere als weise. Wie der Anthropologe Gregory Bateson einmal treffend bemerkte: «Unser größtes Problem rührt vom Unterschied zwischen unserem Denken und wie die Natur arbeitet her.» Interessanterweise war das schon den frühen Taoisten vor mehr als zweitausend Jahren aufgefallen – und seither ist es nicht besser geworden (mit dem Unterschied, dass damals nur einige Hunderttausende Menschen ihre Irrtümer ausleben konnten, nun aber über 6000 Millionen Gelegenheit haben, Irrlichtern zu folgen).

Maurice Strong, der Gründer des Umweltprogramms der Vereinten Nationen, erkannte nach Jahren des Engagements in der Umweltbewegung, dass «alle physikalischen Probleme des menschlichen Einwirkens auf die Umwelt – Luft- und Wasserverschmutzung, die Zerstörung des Landes und die Vergiftung der Nahrungsmittelkette – in der Umwelt des menschlichen Geistes beginnen».

Mit den Worten des Dalai Lama:

> *Um einen wirksameren Umweltschutz zu erreichen, ist ein inneres Gleichgewicht in den Menschen unverzichtbar.*

Im ursprünglichen menschlichen Herzen befindet sich die Quelle von Frieden und Harmonie, nicht in wissenschaftlichen Studien oder Datenbanken, nicht in Wahlversprechen oder Gesetzen oder moralischen Normen.

Sich anderen nicht in den Weg stellen

Rede, die streitet, erreicht ihr Ziel nicht.

TSCHUANG TSE, Lin Yutang, S. 50

Drängt nicht jeder EU-Politiker dazu, im Namen der Menschlichkeit weltweit einzugreifen, zuerst diplomatisch, dann mit dem Scheckbuch und, wenn es nicht anders geht, militärisch? Was berechtigt uns eigentlich dazu? Was verpflichtet uns dazu? Medienberichte von fernen Gräueltaten?

Dass beides – Geldspenden wie Militäreinsatz – immer negative Folgen nach sich zieht, verschweigen die Weltverbesserer natürlich.

Man braucht bloß die Spur der Verwüstung unserer humanitären Einsätze in Afrika ins Auge zu fassen. Wer finanziert eigentlich die endlosen Kriege? Zig Milliarden an Geldgeschenken flossen in Waffenkäufe, häufig endeten sie auf Schweizer Konten der Machthaber oder flossen in sinnlose Prestigeprojekte. Doch die Profihelfer schweigen, um das wenige Gute besorgt, das der Rieseneinsatz hin und wieder mit sich bringt. Eingreifen, sich einmischen, belehren … führt über kurz oder lang immer zu Streit. Menschen werden im Namen der Moderne oder sonst eines Vorwandes zu einer Lebensweise gezwungen, die ihnen nicht entspricht. Korrupte Machthaber werden durch Entwicklungshilfe in ihren Positionen genauso gestärkt wie die erstickenden Bürokratien. Statt Freiheit wird so Abhängigkeit geschaffen. Wie können da Menschen noch ihren angeborenen Stolz bewahren? Afrikaner haben eine andere Geschichte, ein anderes Klima, eine andere Kultur … und ein anderes Tao als wir. Entwicklungshilfe drängt sie zur «Entwicklung» (nach unserer Vorstellung). Und damit weg von *ihrem* natürlichen Weg.

Es gibt überhaupt keinen Grund, uns erhaben zu fühlen über materiell zurückgebliebene Gebiete. Gäbe es die Medien nicht, wüssten wir nicht einmal davon. Doch die Streiter der Menschenrechte meinen in ihrem christlichen Schuldgefühl, dass wir (wieso gerade wir?) für alles Leid und Unrecht in der Welt «verantwortlich» und zur Milderung aufgerufen seien. Das ist eine krasse Überbeanspruchung.

Warnte doch Tschuang Tse schon seinerzeit:

> *Hütet euch, in die angeborene Güte des Menschenherzens einzugreifen. Das Menschenherz kann zerdrückt und aufgehetzt werden. In jedem Fall ist der Ausgang tödlich.*
>
> **Lin Yutang, S. 97**

Wenn wir anderen unsere Ideen aufdrängen, müssen wir annehmen, besser zu sein – überlegenes Wissen, überlegene Gesetze, überlegene Moral, überlegene Lebensweise. Stimmt Letzteres? Wenn nicht, was ist dann unser Maßstab des «Vorbildlichen»? Die sich ständig ändernden sozialen Moden? Sich einzumischen und andere zu bevormunden und zu belehren schmeckt Taoisten nicht. Und zwar aus einem einfachen Grund: Da unsere Überzeugungen und Einsichten im höchsten Maß relativ sind, können wir sie nicht absolut anwenden.

Was ist der Nachteil von einer Vielzahl von Rechten, Geboten und Normen? Laut Lao Tse tritt folgender Umstand ein:

> *Je mehr Verbote es gibt, umso unmoralischer werden die Menschen sein.*
> *Je mehr Waffen es gibt, umso unsicherer werden sich die Menschen fühlen.*
> *Je mehr Unterstützung es gibt, umso weniger verlassen die Menschen sich auf sich selbst.*

Die bessere Alternative ist, den Menschen nicht im Weg zu stehen: Deshalb stellt der Weise fest:

Ich lasse das Gesetz fahren, und die Menschen werden ehrlich.
Ich lasse die Wirtschaft fahren, und die Menschen erlangen Wohlstand.
Ich lasse die Religion fahren, und die Menschen werden ruhig.

Kapitel 57, Mitchell

Alles zu seiner Zeit

Es ist auffallend, wie sehr unsere getriebene Zeit Nachdenklichkeit und Bedächtigkeit hasst. Die zeitgenössische Unruhe ist weniger Ausdruck unserer tollen Dynamik als vielmehr ein Zeichen tiefsitzender Verunsicherung. Wer Angst hat, etwas zu verpassen, läuft hektisch herum. Wer frustriert ist, sucht nach einem Anlass zum Ablassen des seelischen Überdrucks. Wer sein Minderwertigkeitsgefühl durch Habgier ausstopft, ist ständig auf der Suche nach Kaufgelegenheiten.

Verwirrung, Gier, Hast und Unruhe sind alte Begleiter der Menschheit. Das *Buch der Dokumente*, irgendwann in China zwischen 1000 und 500 vor unserer Zeitrechnung verfasst, aber wesentlich ältere Ereignisse beschreibend, gibt folgenden Rat:

Hast du mit Sorgfalt überlegt, dann handle.
Doch wenn du handelst, nur zur rechten Zeit.
Was klug bedacht, es wird zu nichts,
wenn du nicht weiterdenkst.

ERNST SCHWARZ, So sprach der Meister

Wer überlegt heute noch, ob etwas zur *rechten* Zeit geschieht? Hauptsache, es geschieht schnell und dem Zeitgeist entsprechend. Dabei verlieren wir mit dieser Hektik völlig das Gefühl für *Qualität*.

Unübersehbar prägen Technik und Wissenschaft mit ihren linearen Abläufen unser Denken. Wir Menschen waren allerdings immer – wie Flora und Fauna auch – vom Wechsel der Jahreszeiten geprägt, und der ist nicht linear, sondern zyklisch. Die unselige Mode, das innere Zeitempfinden durch mechanische Uhrzeit zu ersetzen, erhöht unseren Arbeitseinsatz, entfremdet uns aber von den körperlich-seelischen Rhythmen.

Nur weil es praktischer ist, Züge und Fabriken nach Zeittabellen zu organisieren, bedeutet das noch lange nicht, dass unser Leben an Qualität gewinnt, wenn wir unser Innenleben nach denselben Maßstäben einrichten. Die Effizienz der Warenproduktion fortwährend zu steigern mag Ökonomen logisch erscheinen – in der Natur gibt es aber nichts, das ewig wächst. Es ist geradezu krankhaft, wie wir Ruhe, Pause, Erholung aus dem Leben vertreiben wollen; selbst Urlaub und Freizeit sollen voller «Aktion» sein ... damit wir nur keine Minute nachdenken, ob diese Betriebsamkeit überhaupt einen Sinn hat.

Schlauheit, die den Charakter zerstört

Erkannte der Alte Meister:

> *Als Wissen und Klugheit erschienen,*
> *Folgte ihnen große Heuchelei auf dem Fuße.*

Kapitel 18

Und Tschuang Tse sekundiert:

> *Als des Menschen ursprünglicher Charakter seine Einheitlichkeit verlor, wurde das Leben der Menschen unglücklich. Als ein allgemeiner Wissensdurst einsetzte, gingen die Begierden der Menschen ständig über ihre Besitztümer hinaus.*
>
> **Lin Yutang, S. 98**

Vor der Vertreibung aus dem eigenen, instinktgetriebenen Wesen galt laut Tschuang Tse:

> *Da alle gleichermaßen ohne Wissen waren, konnte ihr Charakter nicht in die Irre geführt werden. Da alle gleicherweise ohne Begierden waren, waren sie im Zustand natürlicher Unversehrtheit. In diesem Zustand natürlicher Unversehrtheit verloren die Menschen ihre (ursprüngliche) Natur nicht.*
>
> **Lin Yutang, S. 120**

Um habgierig zu werden, muss erst einmal die *Idee* von Selbsterhöhung durch Besitz im Geist Fuß fassen. Um sich selbst minder und unwissend zu fühlen, müssen einem erst «Wissende» auf der Nase herumgetanzt haben:

> *Die, welche ein Land durch Wissen regieren wollen,*
> *Sind des Volkes Fluch.*
>
> **LAO TSE, Kapitel 65**

Der sonst so einsichtige Übersetzer Lin Yutang wurde an dieser Stelle ärgerlich und schrieb: «Nur wenige heutige Leser können wohl mit Lao Tses nihilistischer Ablehnung des Wissens [...] übereinstimmen. Lao Tses Rückgreifen auf ein goldenes Zeitalter primitiver Einfachheit (vgl. Rousseau) führte hier zu einer Rückschrittsthese.»

Da irrt der Gelehrte aber gewaltig – Taoisten sind keine Ludditen. Abgesehen von der unerträglichen Arroganz, jede Anschauung und Lebensweise, die nicht der Moderne entspricht, als «primitiv» und «rückschrittlich» abzutun, geht es dem Alten Meister um eine viel grundsätzlichere Haltung dem Leben gegenüber. Wenn er von «Wissen» spricht, meint er damit *keineswegs* naturwissenschaftliche Kenntnisse, sondern «politisches Wissen», jenen Wahn, der uns in sozialem Fortschrittsglauben einen Krieg nach dem anderen beschert hat, Gesetzesfluten und Vorschriften bis zum Ersticken. Wenn Lao Tse davor warnt, ein Volk mittels «Wissen» zu regieren, dann weiß er exakt, wovon er spricht. In Großbritannien gab die Labour-Regierung sagenhafte Summen für externe Berater aus – und die Politik wurde von Jahr zu Jahr konfuser. Lao Tse zufolge müssen sich Regenten an gute Prinzipien halten, nicht an Umfragen. Die Menschen leben nur in Harmonie miteinander, wenn sie ihr Wesen entfalten können und vom Staat in Ruhe gelassen werden – doch genau das geschieht nicht; mit jedem Jahr Labour-Regierung wuchs die Lust am Eingreifen, Umformen und Zurechtbiegen, Gesetze wurden in Hülle und Fülle verabschiedet und wieder reformiert. Die Idee, das Zusammenleben der Menschen in immer größerem Detail zu regulieren, entstammt jener «wissenden» Haltung, die Lao Tse so kritisierte.

Wenn die natürliche Art und Weise des Menschen verloren gegangen ist, warnte Lao Tse, dann entsteht die Lehre von der Menschlichkeit. Die predigte die Kirche in Europa über die Jahrhunderte und lebte recht gut davon. Doch der weise Chinese dachte noch weiter: Was passiert, wenn die Menschlichkeit verloren geht? Dann, so klärt er uns auf, entsteht die Lehre von der Gerechtigkeit. Und davon leben die Anwälte ganz gut. Und was passiert, wenn aufgrund weitreichenden juristischen Missbrauchs auch noch die Gerechtigkeit den Bach hinuntergeht?

Dann ist mit einer «Verwässerung der Redlichkeit und Ehrlichkeit des Herzens» zu rechnen. Wenn man sieht, wie sehr heute in der Politik und bei den Spitzen der Wirtschaft Lügen zum Alltagsgeschäft gehören, dann sind wir wohl dort angelangt.

Da Taoisten nicht sehenden Auges in den Untergang stolpern, halten sie wachsam Ausschau nach Frühwarnzeichen. Wenn dann der Wahnsinn voll ausbricht, haben sie die Richtung des Sturms schon längst erkundet und sich in eine stillere Zone zurückgezogen. Ohne jedes Schuldgefühl.

Herzensgüte

Der Gelehrte Lin Yutang erkannte vollkommen richtig: «Der Taoismus legt großen Wert auf unbewusste Güte, eine Güte, die natürlich und absichtslos ist. Sobald die Güte mit Absicht verbunden ist, wird sie als Verfall oder Abweichung vom Tao betrachtet» (S. 149).

Machen Sie doch einmal einen Test, wie oft sie spontane Herzlichkeit, natürliches Gutsein ohne jeden Hintergedanken, ohne Motiv und Gegenleistung beobachten können? Eine Handlung, die bloß gesetzt wird, um Normen zu erfüllen, ist unecht. Das gilt auch, wenn die Absicht ist, sich dabei «gut» zu fühlen. Wahre Güte kann nicht produziert werden, sie entsteht spontan und natürlich. Tschuang Tse wusste:

> *Es gibt keinen größeren Schaden für den eigenen Charakter als Tugendübung mit Absicht.*
>
> **Tschuang Tse, Lin Yutang, S. 149**

Wenn man sich gut fühlt, braucht man es weder anderen noch sich selbst zu demonstrieren. Wer seine Existenz genießt, muss nicht hinausgehen und die Welt darüber belehren. Wer Glück hat, sollte nicht durch Vorzeigen von Fortunas Gaben Neid in der Umgebung erregen.

Wenn Lao Tse gegen «Sittlichkeit» oder «Gerechtigkeit» oder «Menschlichkeit» wettert, dann *nicht*, weil er diese Werte gering schätzt, sondern, weil er von der Annahme ausgeht, dass echte Herzensgüte und Gerechtigkeit spontan und unbewusst auftreten, das heißt, dass wir sie unweigerlich verfälschen, sobald sie in Konzepte und Vorschriften gezwungen werden.

Gesundheit und seinen Weg pflegen

Eine einfache Formel aus China, eintausend Jahre alt:

> *Folge deinem Atem mit völliger Aufmerksamkeit, ohne dabei das Ein- oder Ausatmen zu zählen. Allmählich wirst du den Atem durch die Poren der Haut spüren. Auf dieser Stufe wirst du sehr gesund sein und Erleuchtung erlangen.*
>
> SU SHIH, 1036–1101

Die Taoisten waren immer Pragmatiker – sie wollten spirituelle Fortschritte, einen gesunden Körper und ein langes Leben. Zwecks spiritueller Erfahrung halb verhungert ein Leben «im Geiste» zu führen mag einen erdhaften Chinesen wenig begeistern.

Trotz unseres Wohlstands und wissenschaftlichen Fortschritts können wir uns kaum noch so ein gemütliches Leben vorstellen.

Im Vergleich zu den einfachen und allzu oft kargen Zeiten haben wir viel an Annehmlichkeit, Sicherheit und Abwechslung gewonnen – eigentlich müssten wir vor Glück zerspringen. Keine harte Arbeit mehr auf den Feldern, ständig Essen zur Verfügung, geheizte und gutgebaute Wohnungen, Warmwasser rund um die Uhr, Gesundheitsversorgung, Pensionen. Warum sind wir dann so verdammt unzufrieden?

Ich denke, diese Frage muss jeder Mensch für sich im stillen Kämmerchen entscheiden. Im Prinzip stehen zwei grundverschiedene Lebensentwürfe zur Auswahl:

- Ein Leben im Sog der Gemeinschaft; man tut und glaubt, was andere erwarten, man nimmt, was man erraffen kann, man strebt und strengt sich an und hofft, dass die Rechnung irgendwann aufgeht.

- Man hört auf sein innerstes Wesen und folgt unbeirrt seinen Instinkten und seinem Charakter, wohl wissend, dass man auf diesem Pfad ziemlich allein ist. Man prüft und entscheidet sich für eine der Weisheitsphilosophien und lebt nach deren Prinzipien und den selbstgewählten Werten.

Jeder dieser Wege hat Vor- und Nachteile. Die Gesellschaft «verschreibt» den erstgenannten Entwurf und erwartet, dass alle Mitglieder ihm folgen. Das hat für den Einzelnen den Vorteil, nicht viel nachdenken zu müssen und sich in dem Gefühl wiegen zu können, das «Richtige» zu tun. Der Preis ist latente Unzufriedenheit. Der zweite Weg ist insofern schwierig, als man nicht auf Zustimmung oder Unterstützung seitens der Umwelt hoffen kann.

Man könnte den Unterschied auch so ausdrücken:

Der «soziale Weg» sieht den Einzelnen primär als Teil eines Kollektivs, woraus sich die wesentlichsten Regeln und Pflichten ableiten.

Der «Weg des Mönchs» im Sinne des Buddhismus ist auf das Leiden in der Welt und praktiziertes Mitleid fokussiert; dafür wird den Praktikanten der Trost der spirituellen Gemeinschaft gewährt.

Der «Weg des Gehorsams» erwartet Unterwerfung. Diverse Institutionen (Kirche, Militär …) sind Stellvertreter des autoritären Prinzips und teilen Belohnung und Strafe aus.

Der «Weg des spirituellen Kriegers» (z. B. Schamanen, Taoisten) versucht, in Harmonie mit den Naturgesetzen zu leben. Diese «ewigen Prinzipien» haben Vorrang vor wechselnden sozialen Moden. Ein Pfad, den man nur als Einzelner beschreiten kann.

Einen «wissenschaftlichen Lebensweg» gibt es nicht – forcierte Rationalisten fallen in die Kategorie der «Gläubigen».

Und was ist mit der Verehrung Gottes?

Wie schon in den Anmerkungen zum Tao notiert, übersteigen alle «letzten Fragen» unsere Verstandesfähigkeit. Wir können uns weder «ewig» noch «unendlich» vorstellen. Wenn wir sagen: Gott schuf das Weltall, dann verschiebt sich unsere Wissbegier auf ebendiesen Schöpfer – wer oder was ist das? Wo kommt Gott her? Da steht die Vernunft schlicht an und macht purem Glauben Platz; da Glaubenssätze aber Menschengehirnen entspringen, kommen wir so nicht recht weiter.

Die Entwürfe der Wissenschaft hinsichtlich der Grenzen unseres Verstehens sind keinen Deut besser. Dass unser Dasein einer Kette extrem unwahrscheinlicher Zufälle zu verdanken ist, befriedigt keine Frage nach einem Warum. Die Annahme, alles Existierende sei einfach aus einem heißen Nichts «herausgeplumpst», ist noch unbefriedigender. Wie schon Shakespeare seinen König Lear sagen ließ: *Nichts kommt aus nichts.*

Was einen persönlichen Gott betrifft, ist die Haltung der philosophischen Taoisten eher agnostisch (selbst wenn diverse Schulen zahlreiche Götter kennen). Wir haben nicht den allergeringsten Beweis, dass ein Gott existiert, der sich um uns Menschen liebevoll kümmert. Die Annahme eines allmächtigen, allwissenden und allgütigen Schöpfers ist nur durch ein Verleugnen unserer Vernunft aufrechtzuerhalten – ein zu großer Preis. Auch verträgt sich die Existenz des Bösen nicht mit einem liebenden Gott, der in diesem Fall entweder unwissend oder ohnmächtig sein müsste. Und schon gar nicht kann Er «zornig» werden über der Menschen Verhalten, da Er sie geschaffen hat. Man könnte auch andersrum fragen: Ist Gott in der Lage, bösartig zu sein? Frühere Religionen bejahten das …

Tschuang Tse betont, dass das Tao Gottes und das Tao der Menschen unterschiedlich sei und man gut daran täte, diesen Abstand zu berücksichtigen: «Darum schaut der Weise zu Gott auf, bietet ihm aber seine Hilfe nicht an.»

Was für ein erbärmlicher Gott wäre das denn, der von Gebeten abhängig ist, der zornig und rachsüchtig wird, wenn man ihn ignoriert!?

Es gibt noch einen deutlichen Hinweis, warum wir uns mit einer übermächtigen Vaterfigur nicht so einfach aus den Lebensschwierigkeiten davonstehlen können – die Selbsttötung. Niemand weiß, wann seine Lebensuhr ablaufen wird. Ein allmächtiger Gott würde diesen Umstand sowohl kennen als auch bestimmen. Wenn ich mich für einen vorzeitigen Abgang entscheide, ist mein Wille stärker als Gottes Vorhersehung. Da hilft auch kein theologischer Taschenspielertrick, der uns just in diesem Moment «Freiheit» unterzuschieben versucht: Wenn wir die Freiheit haben, im Hass die Guten zu töten und uns selbst jederzeit aus der Existenz zu verabschieden, kann ganz einfach kein allumfassender «Masterplan» für jedes Individuum existieren; damit ist auch die Vorstellung von allwissend/allmächtig/allliebend hinfällig geworden.

Aus psychologischer Sicht verstehen und akzeptieren Taoisten aber, dass viele Menschen ein starkes Verehrungsbedürfnis haben. Und da sind alle großen Religionen jederzeit den billigen Ersatzdevotionalien von Hollywood & Konsorten vorzuziehen. Wer mit einer Philosophie wie dem Taoismus kein Genügen findet, ist jederzeit frei, seine religiösen Bedürfnisse auf traditionelle Weise auszuleben. Der philosophische Taoismus will eine Anweisung zum gelungenen Leben geben und meidet eher transzendentale Spekulationen.

Der Schriftsteller Gao Xingjian beendet sein Buch *Der Berg der Seele* mit folgender Reflektion:

> *Es gibt keine Wunder. Gott sagt dies, sagt das diesem unersättlichen menschlichen Wesen, mir. Was bleibt dann*

zu suchen? Frage ich Ihn. Schweigen rundherum, der Schnee fällt lautlos. Die Stille überrascht mich. Im Himmel ist es genauso friedlich. Und es gibt keine Freude. Freude hängt mit Angst zusammen. Schnee fällt.

Übung 4

Schreiben Sie einmal kühn und ohne falsche Bescheidenheit nieder, wo Sie in Ihrem Leben Unzufriedenheit verspüren. Nehmen wir an, auf dieser Liste taucht «unzureichender Erfolg» auf. Haben Sie je ehrlich geprüft, was an Ihrer Erfolgsdefinition dran ist, ob sie ursächlich von Ihnen stammt, ob dahinter nicht noch andere Ich-Bedürfnisse verborgen sind!?

Solange Unzufriedenheit wie ein Trupp feindlicher Agenten in Ihrem Unterbewusstsein wühlt, können Sie so viele spirituelle Übungen machen, wie Sie wollen – diese Plagegeister gehen nicht weg.

Die Idee hinter einer «idealen Tagesroutine» besteht darin, nach und nach die Barrieren zur echten Zufriedenheit abzubauen. Solange Sie ferngelenkt nach Idealen und Bedürfnissen *anderer* Menschen strampeln, kann kein äußerer Erfolg je diese nagenden Stimmen abstellen. Ein Baby hat sehr einfache Bedürfnisse: Nahrung, Sicherheit, ein angemessenes Maß an Anregung, menschliche Wärme. Mit jedem Lebensjahr wickeln wir eine Schicht neuer Wünsche um unser Wesen, bis daraus eine dicke, kompakte Masse entsteht, die lebenslange Unzufriedenheit garantiert – genau das, was die «Zivilisation» wünscht. Indem man Menschen unzufrieden hält, macht man sie strebsam, fügsam, abhängig von externer Anerkennung.

Wenn Sie sich von dieser Fernsteuerung freimachen wollen, müssen Sie zu einer eigenen Anschauung finden. Sie könnten bei-

spielsweise Sex als «Geschenk» statt als ein «Recht» ansehen, das vom Partner eingefordert wird …

Die Tagesaktivitäten lassen sich unter vier Gesichtspunkten ordnen:

1. Erfreulich + nützlich	2. Erfreulich, nicht unbedingt notwendig
3. Unangenehm, aber nützlich	4. Unangenehm + nutzlos

Der Rest ist einfach: Maximieren Sie alle Aktivitäten, die Sie guten Gewissens unter 1. und 2. einfügen können. Unter Punkt 3. fallen Dinge wie Hausarbeit – zwar unumgänglich, lässt sich aber frohen Herzens erledigen. Sämtliches unter Punkt 4. gehört eliminiert – Zeitvampiren und Energieabzockern müssen Sie den Kampf ansagen. Da Sie als Anhänger des Tao Zeit über alles schätzen, versteht sich von selbst, dass der Großteil Ihrer Tagesaktivitäten unter die ersten beiden Punkte fällt.

Ein erfülltes Leben wird einem nicht auf dem Tablett serviert – darum müssen Sie gezielt und bewusst kämpfen. Das ist der Weg des spirituellen Kriegers.

Unvermeidliche Hürden

Durch das Freisein von Begehren wird Ruhe erzielt.
Und die Welt gelangt von selbst zum Frieden.

Lao Tse, Kapitel 37

Im vorliegenden Kapitel werden einige zentrale Lebensbereiche unter taoistischen Gesichtspunkten betrachtet. Die moderne Großstadtgesellschaft verlangt von ihren Bewohnern, im permanenten Kampfzustand mit angeborenen Bedürfnissen zu liegen. Die alten Instinkte werden als «atavistisch» verdammt und mittels Gesetzen, Sozialdruck und demnächst wohl auch genetischen Eingriffen zwangsweise zum Schweigen gebracht. Glücklicher gemacht hat uns das alles nicht. Unser Intellekt ist sehr anpassungsfähig – und nicht immer auf unserer Seite. Interessanterweise orteten die taoistischen Weisen schon vor zweieinhalb Jahrtausenden ähnlich unbefriedigende Umstände. Nun scheint sich die Verwirrung zuzuspitzen. Begonnen hat sie im 19. Jahrhundert, glänzend dargelegt durch die Philosophen Kierkegaard und Nietzsche. Alte religiöse Gewissheiten schmolzen im Ansturm neuer wissenschaftlicher Erkenntnisse. Doch alle Verheißungen eines rein rationalen, auf Naturwissenschaft und Technik basierenden Lebens haben sich als heiße Luft herausgestellt. Die politischen Irrungen und weltanschaulichen Verwirrungen gipfelten in zwei Weltkriegen. Nach einer kurzen Pause der Einkehr wurde der Ökonomie das Primat überlassen, deren Prinzipien sich nun bis ins Privatleben ausbreiten.

Parallel zum Aufstieg einer globalisierten Wirtschaft spülte ein ausgeprägter Relativismus alte Gewissheiten über Bord. Mit den Gegebenheiten des Lebens – dass wir sterblich sind und das Schicksal nicht kontrollieren können – kommen wir schlechter zurecht als je ein Mensch im aufrechten Gang.

Die Härte unserer frühen Existenz war Anlass, uns von den natürlichen Begebenheiten wegzuentwickeln, die Sicherheit der selbstgeschaffenen Umwelt zu bevorzugen, dabei aber das einstige Wohlbehagen und die Selbstgewissheit des Tieres einbüßend. Sind wir deshalb verdammt, auf immer künstlichere Weise zu leben, selbst wenn es uns nicht länger zum Vorteil gereicht? Auch die Tatsache unserer Vergänglichkeit ist kein hinreichender Grund, in Illusionen zu flüchten. Alle Verheißungen der Technik werfen uns letztlich immer wieder auf uns selbst zurück. Ein neuer philosophischer Zweig, der Transhumanismus, hofft auf «übermenschliche Hybride» aus einem Zusammenwachsen von Mensch und Maschine – ist das nicht der alte existenzielle Schmerz in neuem Gewand?

Zugegeben, auch alchemistisch angehauchte Taoisten suchten die Begrenztheit unseres Daseins zu überwinden. Während für Lao Tse und Tschuang Tse «Unsterblichkeit» intim mit dem Verstehen des Tao verknüpft war, wurde das Thema im Laufe der Jahrhunderte immer «materialistischer» interpretiert, nunmehr sehr auf physische Unsterblichkeit konzentriert. Der Taoismus-Kenner James Miller hat das gut erfasst, wenn er schreibt:

«Mit der Entwicklung von künstlicher Befruchtung, Klonen, genetischer Manipulation, künstlicher Intelligenz, der Nanotechnik, Cyborgismus und dem Umbau unserer Erdatmosphäre sind wir gerade dabei, die grundlegenden Lebensbedingungen zu verändern. Auf diese Weise transformieren wir nicht nur uns selbst, sondern auch die Art und Weise, wie Transformationen bisher stattfanden. Dabei legen wir denselben alchemistischen Ehrgeiz an den Tag, der die frühen Taoisten motivierte» (James Miller: *Daoism – a short introduction*, 2005, S. 121).

Interessante Beobachtung, mit einer Schwachstelle: Während der (originale) Taoismus danach trachtete, den Körper und das eigene Selbst in Richtung größere «Tao-Nähe» rückzugestalten, fehlt unserem wütenden Suchen und Herumprobieren jegliches Ziel: Was technisch machbar erscheint, wird ausprobiert. Das Tao garantiert die Erhaltung der Welt, unsere Experimente tun das mitnichten, da sie auf keiner Weisheit basieren. Erwarteten nicht die Menschen in den 1950er Jahren Wunder was von der näheren Zukunft, von fliegenden Autos bis zur 10-Stunden-Arbeitswoche und Reisen zum Mars!? Mittlerweile ist die Zukunft zur Gegenwart geworden, aber glücklicher erscheinen die Menschen keineswegs; eher deprimierter, da sie wieder um eine Illusion ärmer geworden sind.

Das Beste, was eine Regierung tun kann, ist, «nicht die Zeit ihrer Untertanen zu stehlen». Die Menschen sind nur dann offen, ehrlich und ausgeglichen, wenn sie ihr angeborenes Potenzial leben können; das ist aber unmöglich, wenn ihnen die «Belastung des Wertezuwachses» (Huainan Tzu) aufgebürdet wird – wenn wir fortwährend zur Leistungssteigerung gezwungen sind. Der Weg des ewigen Wirtschaftswachstums ist dem Weg des Tao fundamental entgegengesetzt, insofern der Mensch die kostbare Lebenszeit zur Erhöhung des Outputs vergeuden muss, was nicht nur die Regierungen samt Vasallen zur Verschwendung animiert, sondern rundum künstliche Bedürfnisse entstehen lässt. Solange ich Leuchtzeichen anderer Menschen folge, werde ich den perfekten Tag nicht finden …

Sinnlose Fluchten

Statt Philosophie oder Religion beantwortet heutzutage die Werbung die Frage nach dem guten Leben, und zwar kurz und präzise mit: *shopping*. Durch ihre Allgegenwärtigkeit formt sie unsere inneren Bilder von einem erstrebenswerten Leben. Die sozialdominanten Denk-, Lebens- und Konsummodelle sind allesamt vorgekaut.

Das Leben beschleunigt sich … da kann man nichts machen. Der Materialismus zerstört alle menschlichen Bindungen … da kann man nichts machen. Die rundum angeheizte Habensgier beschädigt den gesamten Planeten und gefährdet massiv die Zukunft der folgenden Generationen … da kann man nichts machen?

Erstaunlich, wie konformistisch vereint da scheinbare Individualisten sind. Die *sofortige* Verfügbarkeit von Waren und Dienstleistungen schwächt den menschlichen Geist; die Folgen sind allenthalben zu sehen – zunehmende Depressionen, ständig neue psychische Beschwerden, wachsende Abhängigkeit von Drogen und Glückspillen, kaum noch vorhandene Impulskontrolle (immer ungezügeltere Zornesausbrüche), eine ungeheure Egozentrik, die sogar kurzes Warten als schier unerträgliche Majestätsbeleidigung empfindet. Wenn Rasern auf deutschen Autobahnen sofort die Zornesader schwillt, sobald sie einmal das Gaspedal weniger stark betätigen können, dann ist das ein Zeichen einer tiefsitzenden seelischen Krankheit.

Elektronische Diener und Schlaraffenlandmärkte machen das Leben in manchen Aspekten bequemer; in seinen existenziellen Bedingungen ist es aber nicht einfacher geworden. Bloß besser ausgepolstert – und das auch nur, solange das Geld reicht und unser Geist eingelullt bleibt. Trotzdem kommt *unvermeidlich* der Punkt, an dem selbst der abgestumpfteste Dauerkonsument sich fragen muss: Was soll's? Wenn er Pech hat, ist die verbleibende Zeit zu kurz, um noch eine Antwort zu finden. Bedauern wird ihn deshalb niemand – das ist der Preis für das hedonistische Paradies.

Menschen, die dem Weg des Tao folgen, sind sowohl unter günstigen als auch unter ungünstigen Umständen ausgeglichen und zufrieden. Niemand pflanzt ihnen falsche Träume ein, und im Inneren folgen sie der Führung des Tao. Sie sind sich bewusst, was für ein außerordentliches Wunder es ist, am Leben zu sein.

Von der eigenen Natur abgehalten

Tschuang Tse schildert den Abfall vom Tao folgendermaßen:

> *Mit der Unterscheidung von Ehre und Schande kommen die Befürchtungen der Menschen auf, und mit der Anhäufung von Reichtum entsteht der Kampf ums Dasein. […] Die Herrscher der Vorzeit schrieben alles Gelingen dem Volk, alles Misslingen sich selbst zu. […] Heute ist alles anders. Der Herrscher verheimlicht dem Volk die Angelegenheiten des Landes und tadelt es dann wegen seiner Unwissenheit. Er erteilt den Leuten gefährliche Aufträge und straft dann die, welche sie nicht auszuführen wagen. Er bürdet ihnen große Verantwortlichkeiten auf und bestraft die, welche ihnen nicht gewachsen sind, sendet sie an weit entfernte Orte. […]*
> *Wenn die Leute erschöpft sind und mit dieser Lage nicht fertigwerden, müssen sie ja ihre Zuflucht zum Betrug nehmen! Wenn der Herrscher also täglich sein Volk betrügt, was kann das Volk dann anderes tun, als zu versuchen, den Herrscher seinerseits zu betrügen? Denn wenn einer nicht die Stärke hat, das zu tun, was von ihm verlangt wird, dann wird er versuchen zu betrügen, und wenn jemand einer Lage nicht gewachsen ist, wird er es zu verdecken trachten; und wenn einer nicht genug zum Ausgeben hat, wird er versuchen zu stehlen.*
>
> **Lin Yutang, S. 189**

Wer ist heute eigentlich nicht erschöpft? Nimmt man diese Passage als Geschichtskompass, stehen uns sehr schwierige Zeiten ins Haus. Die jungen Leute, die enorme Steuerlasten zu tragen haben und zusätzlich mit einem kargen Leben im Alter rechnen müssen, werden wohl nicht auf ewig die Mär von der «sozialen Gerechtigkeit» schlucken … Noch nie in der Geschichte der Menschheit musste eine so schmale Generation einem so riesigen Heer an Alten ein Leben in allem Komfort ermöglichen. Noch nie gab es in so kurzen Zeiträumen weltweit so massive Volkswanderungen. Noch nie änderte sich das Leben (und damit die Erwartungen an die Menschen) so rasch. Noch nie diktierte der Markt so umfassend, was Menschen zu tun und zu denken haben.

Der Autor und Religionswissenschaftler Alan Watts erläuterte in einem seiner Vorträge, dass mit der Fähigkeit zur Selbstreflektion sich zwar unser Wissen erhöhte, gleichzeitig aber auch die Ungewissheit. Der Fall des Menschen aus dem Stand der Gnade geschah, als der Kortex (der vordere Teil des Gehirns, in dem auch unser Moralempfinden beheimatet ist) über den älteren Gehirnteil wuchs (wo unsere Instinkte angesiedelt sind). Zuvor hatte kein menschliches Wesen je das Gefühl, *Fehler* begehen zu können, seither plagen uns Ängste und Zweifel und moralische Konfusion.

Daher empfiehlt Tschuang Tse den Weg zum Glück ganz schnörkellos so:

> *Lasset das Natürliche nicht vom Künstlichen überfluten.*
> *Zerstört Euer Leben nicht um materieller Zwecke willen.*
> *Bringt Euren Charakter nicht dem Ruhme zum Opfer.*
> *Bewahrt sorgfältig Eure Natur und lasst sie nicht in die Irre gehen. Das heißt: «zur eigenen Natur zurückkehren».*
>
> **Lin Yutang, S. 121**

Arbeit und Leistung

> *Aber die Menge und Art der Arbeiten, die den meisten Menschen gegenwärtig auferlegt sind, ist ein großes Übel.*
>
> **Bertrand Russell,**
> **Warum ich kein Christ bin, 1957**

Der vorherrschende Meritokratismus (= jeder wird nur nach seiner Leistung gemessen) hält sich für den Gipfel der Gerechtigkeit. Natürlich empfinden wir eine «Leistungsethik» als Fortschritt gegenüber Erbrecht und Geburtsadel – in so einer Welt konnte man nicht aufsteigen, andererseits auch nicht abstürzen. Was passiert heute, wenn jemand schlicht und ergreifend *Pech* hat? Keine Götter mehr, denen man die Schuld zuschieben kann. Keine mildernden Umstände, nur das beinharte Urteil: versagt! Wie können Menschen da Sicherheit in sich finden? Gar nicht; und die staatlichen Auffangnetze machen den seelischen Schaden auch nicht wieder heil.

Leistungsethik und Konsumkapitalismus, dessen einziger Maßstab die Steigerung des Outputs ist, gehen Hand in Hand. Daher lautet die einzige moralische Losung: *Arbeite härter, konsumiere mehr!* In den USA wird diese «Moral» den Menschen schon mit der Muttermilch eingeflößt. Die Haltung, wonach Arbeit (harte!) der primäre Sinnstifter im Leben sei, widerspricht fundamental dem taoistischen Grundsatz, dass Zeit das Kostbarste im Leben ist: Man arbeitet, um sich Freizeit zu erkaufen, aber nicht, um Statussymbole anzuhäufen oder sonstige gesellschaftliche Erwartungen zu erfüllen. Keine Leistung um der Leistung willen. Darauf fallen Taoisten nicht herein, weswegen sie sich auch nicht auf Achttausender hinaufzwingen oder durch Marathons quälen.

Da heute nur das *sichtbare* Ergebnis zählt, erklärt sich auch, warum so viele Menschen ihr gesamtes Leben auf Äußerlichkeiten reduzieren. Was widerfährt jenen, deren Berufung es ist, über die Tiefenaspekte des Lebens nachzudenken? Lässt sich auf dem Marktplatz nicht verkaufen, ergo wertlos. Existenzen am Rande, bestenfalls still geduldet. Da jede Leistung, die keinen *sichtbaren Mehrwert* erbringt, unterbewertet wird, zerfällt auch die Herzensgüte der Menschen. Mütter können ihren Nachwuchs nur *selbstlos* aufziehen, Kinder ihre betagten Eltern nur *selbstlos* pflegen. Doch der Staat sagt: wertlos, da keine Steuern anfallen. So lassen denn Eltern ihre Kinder im Stich und Kinder ihre Eltern, an kommerzielle Institutionen abgeschoben, wo die Betreuung ökonomisch gemessenen Output erbringt. Dass damit die engsten, von der Natur gegebenen Bande zerfallen, ist der Preis des «Fortschritts» – ebenso wie Einsamkeit und massive seelische Erkrankungen.

Das Einzige, das man den von den Stürmen des Lebens Gebeutelten anbietet, sind neben den Betäubungen der Unterhaltungsindustrie pharmazeutische Glückspillen und eine Handvoll «Rechte». Wenn man die Mitmenschlichkeit zum Wohle einkommenshungriger Anwälte auf juristische Formeln reduziert, wird die noch verbliebene Gerechtigkeit rasch aus der Gemeinschaft gesaugt. Die Folgen sind ein massives Anspruchsdenken und eine kaum je gesehene Bereitschaft zur Lüge in allen Institutionen.

Dennoch – und das ist das größte Kunststück – wähnen sich alle Menschen frei, glauben wirklich, ihre Lebensumstände *gewählt* zu haben. Um diese Illusion aufrechtzuerhalten, bedarf es einer wachsenden Anzahl von Werbestimuli aus einer zunehmenden Anzahl von Kanälen, die öfter und länger und tiefer in unsere Leben hineinreichen. Die Frage, warum die heutige Definition von «Freiheit» so deckungsgleich mit «Mehrkonsum» zusammenfällt, bleibt besser ungestellt. Letztlich wird die Wirklichkeit durchsickern; da und dort machen sich Risse in der Matrix bemerkbar, Widersprüche quellen hervor, die Illusionen verlieren an Glanz.

Unser letztes Schutzschild gegen die rohen Kräfte des Marktes und eine überwältigende gesellschaftliche Manipulation war die Familie; nachdem sie im Namen der konsumistischen Selbstverwirklichung ausgehebelt wurde, bleibt dem Einzelnen kein Refugium mehr – der postmoderne Mensch ist mit einer seelischen Schutzlosigkeit konfrontiert, wie man sie bisher nur aus Zeiten des Krieges oder der Pest kannte. Sich dem vorherrschenden Konsumdiktat beugen oder untergehen, lautet die Devise.

Tao-Menschen sind empfindsam, keineswegs bereit, in Zynismus und seelische Erstarrung zu flüchten; angesichts eines übermächtigen Feindes passen sie sich lieber nach außen hin an. Egal, ob ein Zeitalter «fröhliche Dekadenz» oder «zähneknirschende Entsagung» auf ihre Fahnen geheftet hat – Taoisten sind niemals vorne dabei, unter den Fäuste- und Fahnenschwingern, eher in den hinteren Reihen, wo man sich unbemerkt aus dem Staub machen kann, bis der Spuk vorüber ist.

Eben weil er nicht strebt,
Kann niemand auf der Welt gegen ihn streben.

Lao Tse, Kapitel 22

Inneren Freiraum zurückzuerobern ist ein absoluter Imperativ auf dem Weg zur Zufriedenheit. Dazu ist es unumgänglich, alle lauernden Gefahren realistisch zu sehen. Man unterschätze nicht die Gefahr der Selbstüberschätzung – wir sind alle nicht so toll, wie wir uns gern wähnen. Wenn die Sonne des Lebens scheint, die Talerchen heranrollen, Alkohol die dunklen Stellen überbrückt und Sex zur Selbstbestätigung vorhanden ist, kann man leicht in den Irrtum verfallen, Herr der Welt zu sein. Ist bloß nie der Fall:

Aber die gemeinen Leute! Bei ihrer ersten Beförderung blähen sie sich auf, bei ihrer zweiten Beförderung fangen sie auf dem Wagen zu tanzen an, bei ihrer dritten Beförderung beginnen sie von sich selbst als «wir Altvorderen» zu reden.

Tschuang Tse, Lin Yutang, S. 68

Die eigenen Grenzen zu erkennen und zu akzeptieren ist eine unverzichtbare Voraussetzung auf dem spirituellen Weg. Überheblichkeit verstellt uns den realistischen Blick auf die Welt, schwächt uns durch unverhältnismäßige Erwartungen, schädigt jede ehrliche Beziehung und hält Körper und Geist in dauernder Anspannung. Wer ist schon freiwillig «durchschnittlich» oder gar «dumm»? Doch ein Dummer, der seine Begrenzungen unbekümmerten Herzens akzeptiert, ist der Erleuchtung näher als der aufgeblasene Begabte, weil Zufriedenheit nur durch Handlungen *innerhalb* unserer Möglichkeiten erreicht werden kann. Die US-Selbsthilfeszene ist voll von Leistungsparolen wie: «sich strecken», «seine Bequemlichkeitszone überschreiten», «groß denken». Für Taoisten existiert aber kein Erfolg jenseits des eigenen Wesens. Wer seine Erwartungen an seine Begrenzungen anpasst, öffnet das Tor zur Zufriedenheit und minimiert dadurch das Leiden. Wer dem Weg der Werbung folgt und fortwährend mehr vom Leben erwartet («weil ich es mir wert bin»), endet in Schmerzen und Verwirrung. Also empfiehlt es sich, einen *eigenen Erfolgsmaßstab* zu entwickeln und die Zufriedenheit nicht durch nutzlose Vergleiche mit scheinbar Glücklicheren zu zerstören.

Erfolg und Misserfolg

> *Wenn die Alten von Erfolg sprachen, meinten sie nicht die Merkmale von Rang und Ehre; sie verstanden unter Erfolg den Zustand, in dem das eigene Glück vollkommen ist.*
>
> TSCHUANG TSE

Vom Standpunkt der Taoisten ist allein schon das Verbeißen in «Ergebnisse» und «Ziele» falsch. Abgesehen vom Umstand, dass wir nie alle Parameter kontrollieren können, gibt es im Fluss des Tao kein Innehalten. Das Leben bleibt nicht stehen, nur weil jemand ausruft: «Hurra, ich hab's geschafft.» Ein Ergebnis ist im Ablauf der Dinge immer nur ein vergänglicher Zustand. Ich hab's geschafft, einzuatmen, nun halte ich ein paar Sekunden die Luft an, und danach kommt regelmäßig wieder die Ausatmung. Für ein chinesisch inspiriertes Denken, das geneigt ist, einen Zeitraum von mehreren Generationen zu berücksichtigen, lässt sich dieses wellenartige Auf und Ab überall verfolgen – in Familien, Dynastien, Unternehmen, Staaten … niemals ist etwas von unveränderlicher Dauer. Ich kann vielleicht ein Rennen gewinnen – das dann auf alle Zeiten vorüber ist –, aber «Sieger sein» ist kein erreichbarer Endzustand.

Was treibt die Menschen im Westen eigentlich so maßlos an? Mehr Geld, mehr Konsum, mehr Besitz, mehr Vergnügen … und dann ist das Mehr auch nicht mehr gut genug. Getriebenheit dieser Art findet man sonst nur bei Menschen, denen der Schrecken im Nacken sitzt. Wovor läuft der westliche Wohlstandsmensch davon? Vor seinem eigenen Gewissen? Da niemand mit Schuldgefühlen auf die Welt kommt, kann uns wohl nur die Kultur diesen Irrsinn ins Gemüt gepflanzt haben. Wer das Verhalten von weniger schuldbeladenen Völkern studiert, wird entsprechend geringeren Aktivitätsdrang vorfinden. Man muss dem Leben nicht vorauseilen, um es zu genießen. Auf die Idee, wie ein Arbeitsbüffel zu schuften, kommt kein Mensch von sich aus – das muss ihm eingeflüstert werden. Da Anhänger des Tao lieber ihrem Wesen als vorgegebenen Normen folgen, kommen sie selten in Versuchung, Arbeit und Anhäufen zum Daseinszweck zu erheben.

Kurz und einprägsam bei Lao Tse:

Überfluss haben heißt verwirrt werden.

Kapitel 22

Wer wagt heute noch, so eine einfache Weisheit zu vertreten?

Die Werte der Menschen ändern sich fortwährend, nicht jedoch unsere innere Natur. Wenn zu viel Hitze herrscht, sucht ein Tier den Schatten auf. Klingt einfach, gilt aber für uns komplexe Wesen nicht minder. Wir können uns heute zumeist dem Unbill der Natur entziehen, aber unsere menschliche Natur ist nicht weniger dem aufbauenden *Yang* und dem abbauenden *Yin* ausgesetzt.

Wir stellen *Ansprüche* ans Leben. Mit welchem Recht eigentlich? Was schuldet uns die Welt? Man könnte den zivilisatorischen Fortschritt auch als eine lange Geschichte der permanent geschürten Unzufriedenheit betrachten. Das Problem des Erfolgsstrebens ist der hohe Preis – die Angst vor dem Verlust. Mahnt Lao Tse im 9. Kapitel seines großen Werkes:

> *Wenn Gold und Edelsteine deine Halle füllen,*
> *Wirst du sie nicht sicher aufbewahren können.*

So kommt es, dass Reiche oft über kleine Verluste jammern, nicht aber über den ungeheuren Aufwand, den das Sichern des Errafften mit sich bringt. Tschuang Tse lässt in einem seiner Texte den großen Konfuzius räsonieren:

> *Es gibt kaum eine Unternehmung, ob groß oder klein, wo wir nicht unter Erfolgsdruck stehen. Wenn es schiefgeht, haben wir in den Augen der Menschen versagt. Wenn wir Erfolg haben, fangen wir uns die Leiden von Yin und Yang ein.*

Primär geht es Taoisten um die Unversehrtheit ihres inneren Wesens und die Erhaltung ihrer Lebensenergie (*Chi*). Nicht nur der Gesundheit wegen, sondern weil so das Leben leichter wird. Viel *Chi* garantiert animalisches Wohlbehagen. Das fortwährende Erobern, das ständige Streben und Begehren, schafft viel Unruhe – nicht nur im eigenen Herzen, sondern auch bei jenen, die von meinen ungeschickten Handlungen betroffen sind. So ist Tschuang Tse zu verstehen, wenn er sagt:

Passivität, Ruhe, Gereiftheit, Gelöstheit und Untätigkeit bezeichnen die Dinge des friedvollen Alls und stellen den Höhepunkt der Entwicklung des Tao und des Charakters vor. [...] passiv sein heißt Kraftreserven haben, und Kraftreserven bedeuten Ordnung. Passivität bedeutet Ruhe, und wenn die Ruhe wieder zur Tätigkeit wird, ist jede Tätigkeit richtig. [...]
Das will besagen, dass Passivität und Ruhe Prinzipien sind, die Himmel und Erde und die ganze Schöpfung durchziehen.

Lin Yutang, S. 143 f.

Aus dieser Sicht bedeutet «Erfolg», möglichst «reibungslos» zu leben. «Untätigkeit» bedeutet, mit sich selbst in Frieden zu sein. Ich kann mich zum Maler berufen fühlen, aber wenn die Welt meine Gemälde ablehnt, kann ich nicht als Maler leben, auch wenn das noch so sehr mein Wunsch wäre. Diese Unsicherheit wäre ja noch zu akzeptieren – wäre nicht das Leben zu kurz, um als Labor zur Schicksalsfindung zu taugen. Ich kann dreißig Jahre darauf warten, als Maler anerkannt zu werden, habe aber kaum die Gelegenheit, es weitere dreißig Jahre als Schriftsteller zu versuchen. War dann der Misserfolg Schicksal oder Folge eines Irrtums? Die Bilder oder Worte, die aus meinen Tiefen herausdrängen, können von den Menschen aufgenommen oder zurückgewissen werden; beides obliegt nicht der Kontrolle des Schaffenden.

Tschuang Tse warnt davor, dass der Wunsch nach Anerkennung uns nicht vom eigenen Wesen wegführe:

All dieses Streben nach Ansehen und Ruhm fügt dem Charakter des Menschen nichts hinzu.

Lin Yutang, S. 142

Den Alten Meistern zufolge erzielt man haltbaren Erfolg folgendermaßen:

Beharrlichkeit, Nachgiebigkeit und Vorsicht, das Gefühl also, anderen nicht gewachsen zu sein – diese drei sind die Zeichen des Erfolgs.

Mann, Frau und Kind

> *Es ist sowohl grausam als auch gefährlich, einem Mann, einer Frau oder auch einem Kind ein Leben aufzuzwingen, das ihre stärksten Impulse unterdrückt.*
>
> **Bertrand Russell,**
> **Warum ich kein Christ bin, 1957**

Ein heikles Gebiet angesichts des Umstands, dass Geschlechterrollen schon seit undenklichen Zeiten Schauplatz kultureller Kämpfe sind. Die Gleichwertigkeit von Frau und Mann steht außer Zweifel; Taoisten akzeptieren aber auch die fundamentale Verschiedenheit der beiden Geschlechter sowie ihre unterschiedliche Motivation. Von der modernen Gleichmacherei – wo Frau nur zählt, wenn sie möglichst wie ein Mann denkt, lebt und strebt – halten sich Einsichtige wohlweislich fern.

So fordern Frauenmagazine ihre Leserinnen auf, sie sollten Karriere machen und bei der Partnerwahl nicht unter ihrem (materiellen) Niveau heiraten. Dieselben Zeitschriften kritisieren Hollywoodschauspieler, wenn sie jemanden ehelichen, der nicht ebenso berühmt oder schön ist. Dahinter steht die Anschauung, «Lifestyle» – also das, was man nach außen hin darstellt – wäre der wichtigste Leitfaden im Leben. Kein Wunder, dass die Menschen einander fremd bleiben und auseinandergehen. Wusste schon Tschuang Tse:

Menschen, die sich um des Vorteils und Gewinnes willen zusammenfinden, verlassen einander im Unglück; die, welche durch natürliche Bande zusammengehören, stehen einander im Unglück bei. […] Wer ohne natürlichen Grund zusammenkommt, geht auch ohne natürlichen Grund auseinander.

Lin Yutang, S. 159

Einmal kam mein Lehrer mit seiner Familie zu Besuch. Ihm entgingen nicht die Spannungen zwischen meiner Frau und mir. Als er andeutete, in einer Beziehung könne nur einer die Richtung vorgeben, sprach meine Frau in feministischem Tonfall von Gleichberechtigung und gemeinsamen Entscheidungen. Worauf Sabomnim sanft, aber bestimmt erwiderte: «Es kommt nicht darauf an, *wer* entscheidet, es kommt auf die Einigkeit an; wenn zwei in einem Ruderboot in verschiedene Richtungen steuern, gibt es kein Vorwärtskommen.» Wir hatten damals, um Unabhängigkeit voneinander zu demonstrieren, nicht nur getrennte Konten, wir borgten einander sogar Geld. Nach dieser indirekten Standpauke hörten wir mit dem Unsinn auf, und die Beziehung verbesserte sich spürbar.

Natürlich kann in einzelnen Individuen die Veranlagung genau umgekehrt als erwartet ausfallen, sodass Frauen sich zum Kampf um Macht hingezogen fühlen und Männer zur sanften Pflege. Es ist aber wichtig, anzuerkennen, dass *im Prinzip* Frauen eher *Yin*- und Männer eher *Yang*-geprägt sind. Dann ist es nur natürlich, wenn Frau instinktiv *Yin*-Verhalten anstrebt, also glücklich ist, wenn diese Begabungen geschätzt werden. Männer wiederum haben im Schnitt einen stärker auf Eroberung und Erforschung ausgerichteten Drang – was nicht besagen soll, dass darin nicht auch Frauen herausragen, bloß in geringerer Zahl. Wenn eine Kultur dies aus ideologischen Erwägungen im großen Stil umkehren will, erzeugt sie Unglück.

Das Bewusstsein eines Mannes ist eher auf unmittelbare Chancen/Gefahren ausgerichtet, während Frauen strategischer/langfristiger denken. Deswegen brauchen und ergänzen sie einander.

Auch der Nachwuchs bleibt von der ideologischen Umerziehung nicht verschont. Kinder brauchen Bewegung und Freiraum, ausgelassenes Herumtollen ohne permanente Aufsicht und Besserwisserei. In den engen Großstadtschluchten scheint das heute vielen Eltern als zu gefährlich. Ob das zutrifft oder ob hier neurotische Ängste die Oberhand gewonnen haben, interessiert Taoisten wenig: Tatsache ist, dass Kinder angeborene Bedürfnisse haben, zu denen enge familiäre Bindungen und spielerischer Freiraum gehören; Kinder zu isolieren und vor elektronischen Geräten dahindämmern zu lassen ist ein Garant für Ängste und Depressionen.

Wogegen Taoisten sich immer hartnäckig wehrten, war Besserwisserei in intimen menschlichen Belangen. Was uns guttut, wissen wir selbst. Was Mann und Frau darstellen, ist uns angeboren. Wie man ein Kind richtig aufzieht, darauf verweisen unsere Instinkte. Da aber «Kultur» ein Entfremdungsprozess ist, der uns von der angeborenen Gewissheit entfernt, werden die Menschen selbst in persönlichen Belangen immer unsicherer. Heute braucht es «Beziehungsexperten» und «Erziehungsratgeber», maßen sich Staatsdiener an, zu definieren, was Gerechtigkeit ist.

Alles psychologisch-pädagogische «Wissen» hat uns letztendlich von unserer Natur entfremdet. Aber es sind unsere inneren Gewissheiten, die uns glücklich machen, und keine von außen aufgestülpten Systeme, die unserem Wesen widersprechen. Liebende Fürsorge ist Eltern angeboren, und sie werden sie ihren Kindern – und damit den folgenden Generationen – weitergeben. Wenn aber die «sozialen Weisen», vor denen Lao Tse und Tschuang Tse unaufhörlich warnen, auftreten, dann geht selbst das Grundlegendste schief, da wird dann entweder empfohlen, Babys so zu wickeln, dass sie sich nicht mehr rühren können, oder sie stundenlang schreien zu lassen, bis sie vor Verzweiflung erschöpft sind. Da gibt es hirnerweichende «Experten», die Mütter sofort von ihren Kindern trennen und zum Geldheranschaffen auf den Markt schicken wollen. Sogar in der Tierwelt zeigen verwaiste Jungtiere Verhaltensauffälligkeiten; um wie viel mehr muss das für so komplexe Wesen wie uns Menschen gelten. Dass eine Mutter ihr Kind nicht stillt, weil dies eventuell die Form ihres

Busens beeinträchtigen könnte, käme einer Taoistin nie in den Sinn. Interessanterweise kommt Dr. Tanya Byron, Englands bekannteste Kinderpsychologin, in ihrem jüngsten Buch, *Your Child ... Your Way*, zu einem sehr taoistischen Schluss: Eltern, vertraut euren Instinkten! Der (eigenen) Natur zu folgen = dem Tao zu folgen; das wurde und wird den Menschen nachhaltig ausgetrieben. Der christliche Kulturraum verteufelt seit vielen Jahrhunderten alles Kreatürliche. Damit wurde nicht nur der Wert der Natur untergraben, der Mensch wurde geradezu als in Opposition zur Natur definiert. Was die Menschen nachhaltig verunsicherte und natürlich den Kirchen zugutekam, da sie sich als «Retter» andienen konnten.

Bildung, Erziehung, Wissen

Mildert euer Wissen mit Güte.

TSCHUANG TSE

Predigen nicht die intellektuellen Revolutionäre seit der Aufklärung, dass nur Bildung den Massen Befreiung bringen könne? Andererseits beruhen die gesellschaftlichen Unterschiede und der durch sie verursachte Stress immer auf «Wissen»; es sind die «Eingeweihten», die sich hervortun und sich Vorrechte herausnehmen. Die Experten, die sich über Gebühr bezahlen lassen. Die Besserwisser, die unter den Menschen Hass und Begierden anstacheln. Wenn keiner sich je besseren Wissens rühmte, wie könnten da die ganzen zwischenmenschlichen Katastrophen entstehen? Alle politischen Massenmörder der Geschichte handelten in dem Wahn, irgendetwas zu «wissen», was anderen mit Gewalt eingehämmert werden müsste.

Hier scheint eine schier unüberbrückbare Kluft zwischen den Empfehlungen Lao Tses und unseren modernen Anschauungen zu existieren. Im 20. Kapitel des *Tao Te King* heißt es eindringlich:

Verbanne das Lernen, und das Gequältsein endet.

Kann ein weltweit gerühmter Weiser so fehlgehen – oder haben sich die Zeiten dermaßen geändert, dass nun das Gegenteil richtig ist? Doch Lao Tse betonte diesen Punkt abermals im darauffolgenden Kapitel:

Verbannt die Weisheit, legt ab das Wissen,
Und das Volk wird hundertfältigen Nutzen haben.

Und im 47. Kapitel:

Je weiter man dem Wissen nachstrebt,
Desto weniger weiß man.

Um Lao Tse richtig zu verstehen, muss man begreifen, was seine «Messlatte» ist. Sein Ausgangspunkt ist ein Mensch in vorzivilisatorischem Zustand, obwohl er nicht der Rousseau'schen Illusion vom «edlen Wilden» erliegt. Während heute Gesellschaftstheoretiker die menschliche Gemeinschaft ausschließlich aus dem Blickwinkel von Macht und der Verteilung materieller Güter (zu denen letztlich Wissen gehört) beurteilen, blickte Lao Tse wesentlich tiefer. Wenn er gegen «Bildung» wettert, dann vom Standpunkt der «Natürlichkeit» aus. *Natürlich sein* heißt für den Verfasser des Buches vom Tao, die Welt unmittelbar, frisch zu erleben. In dieser Wahrnehmung braucht es kein Rätseln über Gut und Böse und keine darauf aufbauenden Konzepte. Ergo ist da auch keine selbstgeschaffene Angst, kein Zweifeln.

Angst ist eine Vorsichtsmaßnahme, eine Waffe im Überlebensarsenal. Seit wir uns mehr und mehr von der realen Welt entfernen, ängstigen wir uns auch vor unseren eigenen intellektuellen Konstrukten – wir bilden uns Gefahren ein, wo nicht wirklich welche sind. Und versuchen dann, die Wirklichkeit entlang unserer fiebrigen

Phantasien zurechtzubiegen. Und machen damit alles noch schlimmer.

Wir leben in einer Zeit nie gesehenen Wohlstands und Friedens, und dennoch beutelt es die Menschen nur so vor Ängsten – Gifte in der Umwelt, entgleisendes Klima, religiöse Fanatiker, dickmachendes Essen, Atomverstrahlung, Genexperimente, Müll, Tierversuche … es gibt nichts, wovor sich nicht irgendwer irgendwo entsetzlich ängstigt, die Furcht immer mit halbgaren Daten und fragwürdigem Wissen rechtfertigend. Militante Tierschützer zünden Autos und Heime an, knüppeln Menschen nieder, alles im «Wissen» um die leidende Natur eines Tieres.

Im heutigen Amerika ist panische Angst vor «Keimen» selbst in blitzblanken Wohnungen weit verbreitet. Woher kommt so ein Aberglaube, wenn nicht aus halbvergorenem Wissen? Ein paar tausend Kilometer weiter südlich, in Brasilien, operieren Heiler auf offener Straße, ohne ihre Geräte zu desinfizieren, und dennoch sterben die Menschen nicht an Sepsis.

Lao Tses «idealer Mensch» ist von Wissen und Bildung noch nicht so angekränkelt, dass er es verlernt hätte, seinen Instinkten zu vertrauen. Für den großen Philosophen war klar, dass «nützliches Wissen», etwa ein Handwerk, anders zu beurteilen ist als moralische Predigten. Er ging davon aus, dass wir durchaus in der Lage sind, alle wesentlichen, unser Leben bestimmenden Ereignisse selbst zu beurteilen.

Beispiel Kindererziehung: Noch nie in der Geschichte der Menschheit gab es eine Elterngeneration, die so verwirrt und unsicher in einer ganz natürlichen Sache war. Zugegeben, noch nie prasselten dermaßen widersprüchliche Ratschläge auf die Menschen nieder; aber das ist Teil der immer krasser werdenden Manipulation, die unter dem Namen «Wissen» dahersegelt. Dass «Experten» einander fortwährend widersprechen, dass die Meinungen schneller umschlagen als das Wetter, ist Hinweis genug, wie schädlich dieses selbstherrliche Treiben ist. Einmal sollte man Kinder in vollkommener Strenge aufziehen, dann totale Freiheit walten lassen. Oder die Eltern sollten zu «Partnern» oder «Freunden» der eigenen Kinder werden und «verhandeln», wo der Nachwuchs in Wirklichkeit klare Führung erwartet. Nichts als Konfusion ist die Folge.

Wieder ein Punkt, der uns Zeitgenössischen schier unerträglich vorkommt – predigen nicht die Alt-68er seit Jahrzehnten, jede Autorität sei korrupt, Kinder wüssten alles, Lehrer (und Eltern) hätten nur ihre Diener zu sein?

Das Chaos an den Schulen gibt eine beredte Antwort auf diesen Irrtum. Lao Tse ist da glasklar:

Wer weder seinen Lehrer schätzt
Noch die Belehrung liebt,
Ist weit in die Irre gegangen,
Obwohl er gelehrt sein mag.

Kapitel 27

Auch die Religionen segeln mit «Wissen» voran – was einem im Jenseits so erwartet, was Gott will und was nicht, was gut und recht ist, wie man zu leben hätte. Wie erhalten Taoisten Antworten auf Fragen dieser Art?

Wenn Lao Tse sagt: «Durch viele Worte wird der Geist erschöpft, besser ist es daher, sich an das Innerste zu halten» (Kapitel 5), mag das einem oberflächlichen Betrachter als Antiintellektualismus erscheinen. Aber Tschuang Tse macht die taoistische Position in Sachen Epistemologie (was können wir wissen?) sehr deutlich: In einem fiktiven Gespräch zwischen einem 70-jährigen Handwerker und einem gebildeten Herrscher lässt er den Radmacher den Hochgestellten ob seiner eifrigen Bücherleserei kritisieren. In seinem anschließenden Kommentar hält Tschuang Tse fest, dass das Tao niemals in Büchern gefunden werden kann:

Der Wert der Worte liegt darin: dass sie Ideen transportieren. Aber diese Ideen sind eine Folge von etwas ganz anderem – und was dieses Etwas ist, kann nicht mit Worten vermittelt werden. [...] Was wir betrachten und sehen können, sind nur äußere Form und Farbe, und was wir hören können, sind nur Namen und Klänge. [...] Form und Farbe, Name und Klang sind sicher nicht ausreichend, um seine [des Tao] wahre Natur klarmachen zu können. Aus diesem Grund heißt es: «Die Weisen sprechen nicht, und jene die sprechen, sind nicht weise.»

Taoist Tales, S. 157

Tief im Innern wissen wir, worin unser Lebensglück besteht. Aber das passt weder den Machthabern, die uns Steuern abpressen, noch den Kaufleuten, die unsere Geldtaschen leeren wollen, oder den Kirchen, die uns in Abhängigkeit wissen wollen (und uns beständig einreden, dass wir ohne religiöse Moral verkommen würden). Also werden diese Gruppen alles daransetzen, um eine Weltanschauung zu fördern, die ihren Zwecken dient. Dazu gehört auch staatliche Bildung, die niemals «wertfrei» sein kann. Daher lehnt Lao Tse – ganz im Sinne Sokrates' – reine Buchgelehrsamkeit zugunsten eines echten, im Leben überprüften Wissens ab:

Nichtwissen ist wahres Wissen.
Wissen vorzugeben ist eine Krankheit. [...]
Der Weise ist sein eigener Arzt.
Er hat sich von allem Wissen geheilt.
Deshalb ist er wahrhaft ganz.

Kapitel 71, Mitchell

Recht und Gerechtigkeit

> *Schätzet seltene Gegenstände nicht, sodass die Leute nicht stehlen.*
>
> LAO TSE, Kapitel 3

Verbrechen, das augenscheinlichste der vielen zivilisatorischen Übel, scheint so alt wie die Menschheit selbst zu sein. Psychologen orten die Ursachen in verklemmten Triebbedürfnissen, Religionen reden vom angeborenen Bösen. Lao Tse sieht die Sache völlig anders: Für ihn sind Menschen, solange sie unbeschädigt sind, von Natur aus gut. Gier und Machtlust schaffen zwangsweise krasse Unterschiede zwischen den Menschen und in der Folge Neid, Hass und Mordlust. Für Taoisten sind das aber nicht angeborene menschliche Schwächen, sondern Folgeerscheinungen sozialer Organisation.

Wo also liegt die Wurzel kriminellen Verhaltens?

> *[...] mit der Anhäufung von Reichtum entstand der Kampf ums Dasein.*
>
> TSCHUANG TSE, Lin Yutang, S. 189

Ermuntert man die Menschen zu umfangreichem Besitz, werden irgendwo Defizite entstehen, und dann beginnen Verzweiflung, Zorn und Neigung zum Diebstahl zu keimen. Wer sich minder fühlt, versucht, sich an der Umgebung schadlos zu halten.

Taoisten gehen nicht davon aus, dass Menschen «gierig» oder «böse» geboren werden; wenn manche bereits in jungen Jahren entgleisen, ist immer eine unzureichende Familie sowie eine die Habgier fördernde Kultur die Ursache. Je mehr die arme Seele gequetscht wird, umso schlimmere Reaktionen sind die Folge. Ferner lastet der Alte Meister den Sozialphilosophen viel Schuld für das Verkommen von Gemeinschaften an:

Je größer die Zahl der Satzungen,
Desto größer die Zahl der Diebe und Räuber.
Je mehr Verbote es gibt, desto ärmer wird das Volk.

Kapitel 57

Verbannt die Schlauheit, legt ab die «Nützlichkeit»,
Und Diebe und Räuber werden verschwinden.

Kapitel 19

Wenn die Menschen hungrig sind
[zu Dieben werden, Anm.],
So deshalb, weil ihre Herrscher zu viel Steuer-Korn essen.

Kapitel 75

Für die Weisen des Altertums ist echte Gerechtigkeit ein angeborener Instinkt, der keine Erklärung braucht; diese Form von «Gerechtigkeit» wird nach zweitausend Jahren christlicher Umerziehung heute nicht mehr geschätzt, wo «Verzeihen» von Staats wegen gesetzlich eingefordert wird. Dass unter diesen Auspizien bloß die Opfer draufzahlen, ohne dass die Verbrechen weniger werden, ist eine schaurige Tatsache und angesichts des oben Gesagten nachvollziehbar.

Als im Alten Testament die Grundformel der Gerechtigkeit mit «Aug um Aug, Zahn um Zahn» ausgedrückt wurde, bedeutete dies *keinen* Aufruf zur Blutrache, sondern eine *Abwägung*: Wenn du mir einen Zahn ausschlägst, ist das einen Zahn von dir wert (und nicht deren zwei oder drei). So selbstverständlich ist das gar nicht – die Frage erscheint durchaus erwägenswert, warum das Leben eines üblen Menschen gleich viel wert sein sollte wie jenes eines Makellosen.

Moraltheoretiker haben diese grundlegende Gerechtigkeitsformel vorsätzlich fehlgedeutet und in Misskredit gebracht: Rache ist pfui, der aufgeklärte Zeitgenosse lässt sich jedes Verbrechen gefallen und sieht großmütig weg. Schon Nietzsche entlarvte dieses Gesäusel als eine «Philosophie der Schwachen», als eine Lehre der Lämmer, die den Wolf abschaffen wollen. Taoisten fragen kühl: Funktioniert das in der Praxis? Hat sich die Welt durch diese Philosophie in zweitausend Jahren gebessert? Nein, keineswegs. Dennoch zwingt das moderne Rechtswesen den Menschen diese humanistisch-christlichen Glaubensmanschetten auf.

An Rache – im Sinne von *Ausgleich* – ist nicht nur nichts falsch, es ist die einzige Form von Gerechtigkeit. Heute erhält das Opfer gar nichts. «Auge um Auge» heißt nicht, dass das Opfer nun dem Täter einen Augapfel herausreißen muss, dass aber jedes Opfer einen *Anspruch* auf einen äquivalenten Ausgleich vom *Täter* (und nicht der Gesellschaft!) hat. Heute wird das alles missachtet – da hat das Opfer (beziehungsweise die Angehörigen) nicht nur den Schmerz, sondern noch die zusätzliche Demütigung, dass der Täter prinzipiell ein Unberührbarer ist, von Sozialtheoretikern zum eigentlichen Opfer umgedeutet, von christlichen Predigern als Anlassfall für einen öffentlich demonstrierten Güteschub einkassiert.

Wahre Güte tritt spontan auf, *ohne vorherige Absicht*. Mit den Worten des Tschuang Tse: Man empfindet Vergnügen, *bevor* man lächelt.

Was haben Opfer davon, wenn Täter eingesperrt werden (und die Opfer/Angehörigen zusätzlich mit Steuergeldern deren Aufbewahrung finanzieren müssen)? Offiziell werden Täter eingesperrt, um sie von weiteren Schandtaten abzuhalten, um zur «Abschreckung» beizutragen. Wäre diese Argumentation philosophisch stichhaltig, würde auf diese Weise jedes Opfer zum Anlassfall degradiert. Die einzige Form von Gerechtigkeit ist *Ausgleich* – alles andere zerstört nur die ursprüngliche Herzensgüte der Menschen. Unter solchen Umständen werden viele Menschen böse und missbrauchen das Rechtssystem. Die Meister des Huainan formulierten den Sachverhalt folgendermaßen:

> *Strafe und Bestrafung sind nicht genug, um Verhalten zu ändern. Nur spiritueller Einfluss ist wirkungsvoll.*

Hinrichtungen und Massaker sind nicht genug, um Betrug zu verhindern. Nur spiritueller Einfluss ist wirksam.

Menschen zur Abschreckung und Vorbeugung zu bestrafen hat schon im Altertum nicht funktioniert. Mit «spirituellem Einfluss» ist hier eine Welthaltung gemeint, die den Menschen in das große Ganze (Kosmos, Gemeinschaft, Familie) eingebunden sieht, was zweifellos die Rolle des Individuums relativiert. Wie die Taoismus-Kennerin Livia Kohn betont, geht damit ein langer und harter Kampf der chinesischen Kultur einher, ein Denken in Schuldgefühlen zurückzuweisen. Kein Individuum sollte als isolierte Entität die Kultur dominieren, ja nicht einmal beeinflussen *(Living with the Dao: Conceptional Issues in Daoist Practice)*.

Die Menschen werden erst dann böse und schlecht, wenn ungerechte Verhältnisse vorherrschen, wenn schwache Führer ihnen das Leben versauern. Wer eine Milliarde Euro nach einer Unternehmensübernahme abzockt (in der Regel durch Erhöhung der Firmenschulden), wird als «corporate raider» gefeiert. Wer dagegen aus Armut hundert Euro stiehlt, geht ins Gefängnis. Keine Gerechtigkeit. War schon zu Tschuang Tses Zeiten so: «Die kleinen Räuber steckt man ins Gefängnis, die großen Räuber werden Feudalherren ...»

Jene, die für sich weitaus mehr abzweigen, als zu einem bequemen Leben notwendig wäre, polstern ihr Guthaben gern durch eine spezielle Moralphilosophie, die ihre Position festigt und Kritik abwehrt.

Stress und Gesundheit

Sieht so unsere Zukunft aus?

> *Die alten Leute leben in greisenhaftem Verfall, von Kummer gebeugt, und können doch nicht sterben! Welch ein trauriger Anblick!*
>
> Tschuang Tse, Lin Yutang, S. 176

Der Wunsch nach einem langen Leben ist verständlich – aber ist es auch ein *gutes* Leben? Das ist nicht bloß eine Frage von Gesundheit und staatlich organisierten Krankenanstalten: Will ich wirklich sehr alt werden? Wenn ja, in welchem Zustand? Was kann ich dazu beitragen, dass mir Kraft und Gesundheit möglichst lange erhalten bleiben?

Für praktizierende Taoisten ist das keine müßige Spekulation, sondern eine zentrale Überlegung, da sie die Verantwortung für ihr Leben übernehmen – wild drauflosleben und dann auf ärztliche Kunst und gesellschaftliche Unterstützung rechnen, kommt nicht in Frage.

Der schädlichste innere Stress resultiert aus den Erwartungen des Ichs. Wie viele Kriege in der Geschichte wurden aus Habgier, Eifersucht, Größenwahn begonnen!? Wie viel Unglück haben Menschen über sich und die Ihren aus Stolz und Eitelkeit gebracht!? Wie viele Depressionen gehen auf eine Überdosis Selbstmitleid zurück? Obwohl kein Baby je mit einem «Ich» auf die Welt kommt, hält dennoch nie jemand inne und fragt kühlen Kopfes: Wie viel Realitätsgehalt kommt eigentlich diesem ewig bedürftigen Golem in unserem Kopf zu?

Das 26. Kapitel des Buches *Der Berg der Seele* von Goa Xingjian beginnt mit einer Selbstbeobachtung:

> *Ich weiß nicht, ob Sie jemals dieses seltsame Ding, das Selbst, beobachtet haben. Oft ist es so: Je mehr man hinsieht, umso weniger scheint es zu sein [...]. Wenn Sie im Bett liegen und auf den Plafond starren, dann kann das Licht, das auf die weiße Decke fällt, viele Veränderungen durchmachen. Wenn Sie sich konzentriert betrachten, werden Sie bemerken, dass sich Ihr Selbst allmählich von dem vertrauten Selbst ablöst und in viele überraschende Formen vervielfacht. Es erschreckt mich, wenn ich eine Zusammenfassung von mir selbst machen muss; ich weiß nicht, welches der vielen Gesichter mich besser repräsentiert.*

Wenn unser Ich also nebelhaft und ungewiss ist, warum machen wir so viel Wetter darum, dass wir sogar bereit wären, die Welt dafür zu zerstören? Was passiert denn *objektiv* Tragisches, wenn mich jemand beleidigt? Die ganze Aufregung produziere ich doch nur in meinem Kopf, mein imaginäres Ego gegen einen nicht vorhandenen Angriff verteidigend … wie viele Menschen brachen in solchen Situationen schon einen Streit vom Zaun, einander verletzend oder gar tötend – im Grunde für nichts und wieder nichts. Stressabbau gehört daher zu den primären Aufgaben in einem taoistischen Lebensrahmen.

Den Weisen war von alters her klar, dass tiefe innere Ruhe und haltbare Gesundheit unabdinglich zusammengehören. Stress erscheint uns als auffällig modernes Übel, aber er begleitet uns, seit wir ein Ego entwickelt haben. Unser Körper wehrt sich gegen *konkrete* Bedrohungen; unser Selbstwertgefühl ist dagegen für bloß imaginierte Gefahren anfällig. Beleidigungen kränken unser Herz, unerfüllte Wünsche quälen den Geist. So entstehen Neid und Statussehnsucht; auf Umwegen sind Umweltzerstörung und Kriege die Folge. Immer steht am Anfang ein Ich, das glaubt, mehr haben zu müssen als alle anderen, durch Besitz ausgezeichnet zu sein. Abgesehen von rein zweckmäßigen Handlungen, die dem Überleben dienen, fallen doch beinahe alle weiteren Tätigkeiten entweder in die Kategorie «Vergnügen» oder «Selbstbestätigung» …

Zeit und Vergehen

> *Leben und Tod sind ein Teil des Schicksals. Ihre Aufeinanderfolge, wie die von Tag und Nacht, stammt vom Tao und liegt jenseits des menschlichen Eingreifens.*
>
> TSCHUANG TSE

Für Christen ist es Teil ihres Glaubens, dass ein «Sünder» auf dem Totenbett seine Vergehen bekennen und ihm in der letzten Minute noch vergeben werden kann. Auch der Buddhismus kennt Anekdoten von «Erleuchtung» in allerletzter Minute. Diese Anschauung teilen Taoisten nicht – für sie findet Leben hier und jetzt statt, ist Zeit mithin der wichtigste Faktor. Der zeitgenössische amerikanische Optimismus von der «zweiten Chance» wird nur in Hollywood wahr. Die penetrant oft zu hörende Auslobung von «Risiko» sieht bei näherer Betrachtung ganz anders aus: Im Leben trägt man lange und hart an Fehlentscheidungen. Natürlich lassen sich Irrtümer und deren Konsequenzen nicht vermeiden; absolut unverzeihlich ist aber die Haltung, man hätte ewig Zeit. Als ich dreizehn war, trug ich wie alle Jugendlichen lange Haare. Ich bekam deswegen Ärger in der Schule. Mein Vater argumentierte: Lass dir die Haare schneiden, du kannst sie ja später wachsen lassen. Doch später verlor ich meine Haartracht wie ein Weihnachtsbaum Nadeln in der überheizten Wohnung.

Im Leben kann man nichts aufschieben – alles hat seine Zeit, jugendliche Torheit ebenso wie Familiengründung. Wenn der Zeitgeist vorschreibt, sei kindisch bis fünfunddreißig, du hast noch jede Menge Zeit, erwachsen zu werden, dann irrt er.

Physiker und Philosophen mögen sich über die wahre Natur der Zeit wundern, Praktiker des Tao bevorzugen zu diesem Thema künstlerische Äußerungen:

Der Berg Liu
In Nebel und Regen,
Der Fluss Che über den Ufern.
[...]
Endloses Verlangen.
Ich ging hin
Und kam zurück.
Da war nichts Besonderes:
Der Berg Liu
In Nebel und Regen,
Der Fluss Che über den Ufern.

Zeit und Vergänglichkeit existieren offensichtlich nur in unserem Bewusstsein. Ohne Beobachter würden keine Formen existieren, keine Veränderungen stattfinden.

Wir können nicht zugleich im Sein und Nichtsein existieren. Wenn wir geboren werden, tauchen wir in den Strom der Zeit und Formen ein, schwimmen ein Weilchen mit, ehe wir stranden und im Ungeformten wieder aufgehen. Die Ich-Wahrnehmung existiert nur in der Zeit, fällt am Ende genauso ab wie meine Schuppen von gestern.

Für Taoisten sind Leben und Tod zwei verschiedene Zustände des Tao, wie Tag und Nacht. Der Tag versteht die Nacht nicht und umgekehrt. Stellen Sie sich vor, heute wäre Ihr erster Tag auf der Welt – Sie genießen das Licht, den Wind und das Spiel der Wolken, voller Erstaunen jeden Augenblick, den Duft der Luft und die sich ändernden Stimmungen. Wenn sich dann der Tag zu Ende neigt, können Sie überhaupt nicht wissen, was das Wesen der Nacht ausmacht. Wie könnte man sich das Jenseits des Tages vorstellen? Noch lieber würde ich aber einen weiteren Tag erleben … Doch es gibt keinen Weg, die Nacht zu umgehen, keine Abkürzung von Tag zu Tag.

Leben existiert überhaupt nur, weil das Tao sich gewandelt hat, und der Wandel ist fortlaufend.

Ich-Bewusstsein ist so temporär wie dieser eine Tag hier und heute, der niemals wiederkehren wird. Es wird vielleicht ein sehr, sehr ähnlicher Tag wiederkommen, aber er wird nicht identisch mit irgendeinem vergangenen Tag sein.

Taoisten sprechen üblicherweise nicht von individueller Wiedergeburt. Lehren, wonach die «Seele» sich dem Wandel entziehen kann, um verpuppt in einem «Zwischenreich» bis zur nächsten Existenz zu überwintern, klingen beruhigend. Aber Leben ist kein halbverdauter Tod, so wie Tod nicht ein unvollständig gekochtes Leben ist. Es gibt keinen Tod «innerhalb» des Lebens – Tod ist tot, wie mein Meister lapidar anmerkte.

Unser Schmerz rührt daher, dass wir den Tod von der Warte des Lebens aus betrachten – und das ist laut Taoismus eine falsche Sichtweise. Da das «Ich» im Tode aufhört zu existieren, ist die Frage hinfällig, was aus «mir» wird. Aus einem Baumstamm wird vielleicht Erde oder ein Holzklotz zum Verheizen. Das Sonnenlicht, das durch viele Wandlungsstufen im Erdöl enthalten ist, kann nicht länger als Sonne identifiziert werden ... obwohl im Grunde die Energie immer noch vorhanden ist.

So, wie in unseren Kindern winzige Spuren von uns weiterleben, existieren «Bestandteile» von uns in der zeitlosen Matrix des Tao ... aber sie «gehören» zu keinem bestimmten Träger. Wenn Wasser sich in Eis verwandelt, erkennen wir immer noch seine Natur; wenn Wasser aber verdampft und durch den Wind in alle Himmelsrichtungen davongetragen wird, um schließlich Teil eines Baumes zu werden: Wer würde die individuell verdampften Tropfen noch identifizieren können? Trotzdem existiert das Wasser weiterhin (auch wenn es von seiner einstigen Existenz als individueller Wassertropfen nichts mehr weiß ...).

Wenn *diese* Existenz, ausgedrückt durch meinen Körper und alles, was er beherbergt, das Einzige ist, das ich temporär besitze (und selbst das ist nur geborgt), muss die Tatsache, dass ich existiere, mein wertvollstes Gut sein. Der Reiseschriftsteller Eric Hansen erinnert sich in einem seiner Berichte, wie sich sein Wesen zu ändern begann, als er spontan seiner inneren Stimme nachgab und monatelang auf einer Pazifikinsel blieb. «Indem ich mich der Stimmung des Platzes ergab, traf ich Menschen und kam in Situationen, die ich mir ein paar Monate vorher nicht hätte vorstellen können. Diese Entdeckung verdarb mir gänzlich den Gusto, Pläne zu machen.»

Es gibt keine Alternative zu dieser Welt, weshalb jeder empfindsame Mensch die Natur wertschätzt. Wir kommen aus derselben Substanz, daher führt eine Ausbeutung und Zerstörung unserer Umwelt automatisch zu einer Verminderung unserer Lebensfreude. Wenn wir die Natur erfahren, erfahren wir deren Gesetzmäßigkeit; wenn wir versuchen, uns außerhalb der Natur und mithin unseres natürlichen Wesens zu stellen, hören wir auf, zu verstehen, was in uns vorgeht.

Übung 5

Wenn Sie nun eine gute Vorstellung davon haben, was Ihnen guttut, besteht der nächste Schritt darin, gezielt mehr davon zu tun. Wenn Ihnen ein Spaziergang in der Natur guttut, dann warten Sie nicht aufs Wochenende, sondern legen jeden Tag einen Marsch ein – und seien es zwei Runden durch den Stadtpark, voller Aufmerksamkeit für die winzigsten Veränderungen ringsum. Die Idee der gesamten Übung besteht darin, einen gewissen *Rhythmus* zu erzeugen, eine angenehme Routine zu schaffen. Falls grüner Tee und Zen-Gedichte Ihnen Behagen bereiten, dann widmen Sie besagtem Genuss täglich eine Stunde, ohne jedes Schuldgefühl. Zeit lässt

sich bei gutem Willen immer finden – eine Tageszeitung kann man schnell überfliegen, und wirklich notwendig ist Fernsehen auch nicht (was macht es aus, wenn Sie nicht sofort erfahren, was in der Welt passiert?).

Der Leitgedanke, der Sie zu Ihrer täglichen Routine inspirieren sollte, ist die Erkenntnis, dass Lebenszeit *äußerst kostbar* ist. Machen Sie nicht Ihren Job zum Lebenszweck; falls es Ihnen gelingt, Berufung und Geldverdienen zu kombinieren: schön für Sie. Wenn nicht, auch kein Grund zum Grämen. Wichtig ist, dass Arbeit als das gesehen wird, was sie im Grunde ist: ein Weg, Zeit zu kaufen. Wer aufhört, ständig um Anerkennung zu ringen und sich überall zu engagieren und einzumischen, ist auch nicht gezwungen, Lebenssinn in der Schinderei zu finden. Als Gott die Arbeit verteilte, waren die Menschen die Einzigen, die «Hier!» riefen …

Der Ratschlag des Tschuang Tse ist vielen Taoisten Leitmotto: Der Weise ist «unter günstigen und ungünstigen Umständen gleicherweise glücklich und in der Wahl seiner Tätigkeit vorsichtig, sodass nichts ihm zu schaden vermag» (Lin Yutang, S. 172).

Techniken zur Lebensverbesserung

Jedes fühlende Leben hängt vom Atem ab. Wenn der Atem gestört wird, ist nicht die Natur schuld.

TSCHUANG TSE, Lin Yutang, S. 72

Eine Frage gilt es vorweg zu klären: Wie können Taoisten, die so sehr von «Natürlichkeit» schwärmen, artifizielle Verhalten wie Meditation und Ähnliches empfehlen? Der Ur-Taoismus im Sinne des Tschuang Tse fokussiert auf die *innere Haltung* dem Leben gegenüber. Meister Tschuang lehnt daher körperliche Verrenkungen als überflüssig ab, abgesehen vom «stillen Sitzen in Vergessenheit», das er ausdrücklich empfiehlt. «Das Glück liegt in der Ruhe. Lasst Eure Augen und Ohren im Inneren Zwiesprache halten, aber schließt alle Erkenntnis aus Eurem Denken aus» (Lin Yutang, S. 164).

Dieser Art von Meditation strebt nichts an, versucht nichts zu erreichen (weder ekstatische Zustände noch einen Direktdraht zu «Gott»), sondern will vor allem etwas *loswerden* – geistiges und emotionales Gepäck. Aus diesem Blickwinkel ist «Erleuchtung» gleichzusetzen mit unserer puren Natur … mehr können wir nicht erreichen.

Lao Tse ist hinsichtlich spiritueller Techniken nicht ganz so ablehnend, aber seine kargen Hinweise auf Atem- und Energieübungen sind ohne Anweisung nicht zu verstehen. Erst im religiös-magischen Taoismus wurden Hunderte von Techniken entwickelt, zumeist mit dem Ziel, Unsterblichkeit zu erlangen; dies wiederum wurde von den beiden Taoismus-Gründern nie besonders betont, obwohl sie die schamanistischen Lehren, von denen diese Ideen herstammen, gekannt haben.

Nun haben wir alle schon Jahrtausende an Zivilisation auf dem Buckel und leben in einer Kultur, die seit langer Zeit alles Natürliche bekämpft. Daher scheinen ein paar Techniken wider die zunehmende Verharzung durchaus erlernenswert.

Kernstück der taoistischen Meditation ist, Körper, Geist und Seele tief zu *entspannen*, um die Reibungsflächen gegenüber dem Leben schmal zu halten und unnötige Energieverluste zu vermeiden. Die spirituellen und physischen Techniken existieren seit Jahrtausenden, und sie funktionieren erwiesenermaßen. Vereinfacht gesagt, kommen wir mit einem bestimmten Energievorrat zur Welt, den wir bis zum Tode nach und nach aufbrauchen. Der illusorische Glaube mancher Altersforscher, der Tod wäre Ergebnis einer «genetischen Abnützung», die man eines Tages rückgängig machen könnte, wird von Taoisten nicht weiter beachtet: Was geboren wird, muss auch sterben.

Trotzdem ist der Wunsch nach einem langen Leben verständlich – aber nur, wenn man dabei gesund und stark ist und sich seines Daseins erfreut. Dachten zumindest die frühen Taoisten und machten sich daran, hilfreiche Techniken zu entwickeln. Dazu beobachteten sie den Zyklus und die Eigenart unserer Vitalenergie sehr genau:

Die sogenannte «primäre» (oder vorgeburtliche) Lebensenergie, mit der wir auf die Welt kommen, wird durch «sekundäre» Energie (Nahrung und Sauerstoff) ergänzt. Der Nachschub ist nie vollkommen – bis wir erschöpft in den Fluss des Tao zurückkehren. Diese Unvermeidlichkeit deprimiert uns: zu wissen, dass man sich unweigerlich aufbraucht, ohne etwas dagegen tun zu können. Versuche gab es viele, etwa das total reduzierte Leben von Asketen – nicht gerade eine Existenz, die von Lebensfreude erfüllt ist und daher von Taoisten als «unnatürlich» abgelehnt wird. Gibt es etwas Besseres? In der Tat:

Daher regiert der Weise sich selbst, indem er
Seinen Geist entspannt,
Seinen Bauch festigt,
Den Willen besänftigt,
Die Knochen stärkt.

LAO TSE, Kapitel 3, Übersetzung Man-jan Cheng

Hinter diesen kurzen Zeilen verbirgt sich eine Reihe von Konzepten:

Beginnen wir mit dem menschlichen Geist, dessen Problem es ist, dass er von Natur aus unruhig ist. Das betonen selbst die uralten Texte des *Buches der Wandlungen*. Richard Wilhelm schreibt in seiner Übersetzung des *I Ging* zum Hexagramm Nr. 52, genannt «Das Stillehalten»:

«Das Herz ist sehr schwer zur Ruhe zu bringen. Während der Buddhismus die Ruhe erstrebt durch Abklingen jeglicher Bewegung im Nirvana, ist der Standpunkt des Buches der Wandlungen, dass Ruhe nur ein polarer Zustand ist, der als seine Ergänzung dauernd die Bewegung hat. [...] Das Herz denkt dauernd. Das lässt sich nicht ändern. Aber es sollen die Bewegungen des Herzens, d. h. die Gedanken, sich auf die gegenwärtige Lebenslage beschränken. Alles Darüber-hinaus-Denken macht das Herz nur wund.»

Heißt konkret, dass wir am besten unsere ausufernden Gedanken und wildwuchernden Gefühle nur auf das konzentrieren, was gerade anliegt. Taoisten streben keine «versteinerte» Existenz bar von Emotionen und Gedanken an. Was gemieden werden sollte, sind Exzesse – gedanklich um Vergangenes kreisen, das Herz mit Zukunftsbefürchtungen in Aufruhr versetzen, heftig wünschen und begehren ...

In einem seiner Dialoge lässt Tschuang Tse einen gequälten Sucher bei Lao Tse anklopfen. Er ist unruhig und verwirrt und hat vergessen, was er eigentlich fragen wollte. Nachdem er zehn Tage allein in seinem Zimmer gesessen hat, sucht er den Weisen abermals auf:

«Ihr habt nun ein Bad genommen», sagte Lao-Tse, «und der äußere Schmutz scheint im heißen Dampf heruntergewaschen worden zu sein; aber inwendig kreist noch etwas in Euch herum. Wenn Ihr durch die äußeren Sinne verstört, gequält und verwirrt seid, solltet Ihr Euren Geist ausruhen lassen und die Stille in Eurem Inneren suchen. Wenn Euer Geist sich spreizt oder außer sich gerät, sollt Ihr Eure äußeren Sinne verschließen. Wer durch seine Sinne oder Gedanken verwirrt wird, kann sein Wesen nicht bewahren. Wie viel weniger kann er dem Tao folgen!»

Lin Yutang, S. 70

Wem zu dieser Passage stilles Zen-Sitzen einfällt, liegt wohl nicht ganz falsch.

Entscheidend ist der Hinweis im obigen Zitat aus dem 3. Kapitel des *Tao Te King*, mit der Willenskraft sparsam umzugehen, was in unserer Zeit, die den Willen exzessiv überbetont, nur schwer auf Verständnis stoßen wird. Der vitale Zusammenhang ist folgender: Laut chinesischer Medizinlehre residiert der Wille im Organ Milz, die dafür ihre Energie zur Verfügung stellt. Wer mit geballten Fäusten durchs Leben geht und allem und jedem seinen Willen aufzuzwingen versucht, erschöpft die Milz. Diese wiederum ist mit dem Urogenitalsystem verbunden, zapft also im Falle einer Überbeanspruchung von dort Energie ab. In den Nieren ist aber unsere ursprüngliche Lebensenergie gespeichert, woraus erhellt, dass exzessiver Willenseinsatz das Leben verkürzt.

Unser Dasein lässt sich in drei Dimensionen fassen:

Die erste Dimension ist unsere körperliche Existenz, die hauptsächlich aus Flüssigkeiten besteht (auch wenn wir uns unheimlich solide vorkommen). In einem engeren Sinn ist damit die lebensspendende Fähigkeit des männlichen Samens gemeint. Das Ausmaß an Vitalenergie ist genetisch vorgegeben.

Als zweite Dimension wäre die erneuerbare Lebenskraft zu nennen. Im Gegensatz zum DNA-Programm können wir unser *Chi* manipulieren: Verluste minimieren, neue Energie zuführen und im Körper speichern (was allerdings einiges Training voraussetzt).

Unser Geist (inklusive Intellekt und Spiritualität) bildet die dritte Dimension.

Durch entsprechende Übungen und eine geeignete Lebenshaltung lässt sich der unvermeidliche Energieabbau hinauszögern. Genau darauf spielt Lao Tse im vorhin erwähnten 3. Kapitel an, wenn er vom «Bauchfestigen» spricht: Unter dem Nabel befindet sich der überaus wichtige Vitalenergiespeicher *Tan Tien*. Der Hinweis auf die «Knochenstärkung» spielt ebenfalls auf eine Energieübung an.

Verliert der Geist an Vitalität, zersplittert er. Ein zersplitterter Geist ist schwach und verwirrt. Selbst die Naturwissenschaft kommt nicht umhin, diesen Befund anzuerkennen. Anhand einer Langzeit-Untersuchung konnte ein britischer Forscher nachweisen, dass geistig agilere Menschen weniger oft an Herzerkrankungen im Alter leiden (selbst unter Berücksichtigung üblicher Faktoren wie Bildung, Einkommen etc.). Es wohnt also nicht nur ein gesunder Geist in einem gesunden Körper, sondern ein gesunder Geist ist auch in der Lage, den Körper fit zu halten.

Geistige Gesundheitspflege

In einem seiner Kommentare lässt Tschuang Tse den Alten Meister eine Reihe von Anweisungen zur Lebensführung aufzählen:

> *«Könnt Ihr das Eine umfassen? Könnt Ihr das Tao nie verlassen? Könnt Ihr Heil und Unheil ohne die Hilfe von Wahrsagern vorhersagen? Wisst Ihr, wo Ihr einhalten müsst? Könnt Ihr Unwichtiges fahren lassen? Könnt Ihr lernen, Euch nicht auf andere zu verlassen, sondern alles in*

Euch zu suchen? Könnt Ihr (unschuldig) sein wie ein Neugeborenes?

Lin Yutang, S. 70

In diesem kurzen Text verbirgt sich eine Reihe von Ratschlägen. Der Punkt mit den Vorhersagen ist zu komplex, um in ein paar Zeilen abgehandelt zu werden. Nur so viel: Auch wenn wir uns die Zeit als linear (Geburt – Heranwachsen – Altern – Sterben) ablaufend vorstellen, erfahren wir den Alltag doch eher in Form von Kommen und Gehen … wie Tag und Nacht, Voll- und Neumond, die Jahreszeiten. Als Geschöpfe der Natur sind wir stark von deren Rhythmen geprägt, auch wenn die moderne Lebensweise uns davon weit entfernt hat. Taoisten glauben allerdings nicht, unser Heil läge in immer mehr Technik, mehr Künstlichkeit, mehr Hektik. Die Medizin kann unser Leben nicht verbessern. Die Probleme, die uns plagen, haben wir selbst geschaffen.

Wie jedes andere Lebewesen auch kommen wir *vollständig* auf die Welt, auch wenn wir zur Entpuppung erheblich länger brauchen. Aber im Grunde ist alles, was wir zur Meisterung des Lebens benötigen, in uns angelegt. Wenn wir uns mangelhaft vorkommen, hat das etwas mit unserer Kultur zu tun, die immer übertriebenere Forderungen stellt. Wider unsere Natur zu leben schädigt uns. Den Neigungen unseres Wesens zu entsagen macht uns anfällig für fremde Einflussnahme. Demgegenüber betonen Taoisten körperliche, geistige und seelische Unversehrtheit. Und da sie willens sind, für das eigene Leben die volle Verantwortung zu übernehmen, warten sie auch nicht darauf, dass ihnen jemand das Glück auf einem Silbertablett serviert.

Der Punkt der Einheit

Was Tschuang Tse im Zitat zu Beginn dieses Abschnitts betont, ist die *Einheit*, die hinter der unvermeidbaren Polarität liegt. Während wir im Alltag oft scharfe Trennungen zwischen wünschenswert und unangenehm vornehmen, akzeptieren Taoisten, dass nach dem Aufschwung des Erfolgs unweigerlich ein Abschwung des Missmuts kommt, so wie nach dem hitzigen, freudvollen Sommer der kalte, karge Winter wartet. Aktivität und Ruhe sind Ausdruck der Natur (mithin des Tao). Wenn die Anforderungen des Berufslebens unsere inneren Rhythmen durcheinanderbringen, dann ist nicht unser Körper «rückständig», sondern unsere Umwelt toxisch. Russell Foster, Biologe und Professor des Imperial College London, glaubt, dass wir in naher Zukunft den Schlaf medikamentös abstellen können. Pharmakonzerne wollen mit einer Pille auf den Markt kommen, die als Schlafersatz dient, angeblich ohne Nebenwirkungen. Wenn dann der Tod die Schlaflosen frühzeitig ereilt, werden die Nachfahren ahnen, dass man ihnen etwas vorgemacht hat. Unabhängige Denker wissen es heute schon.

Big Pharma hat eine große Anzahl von Ärzten, Psychiatern, Journalisten und Psychologen dahin gebracht, natürliche Reaktionen wie Müdigkeit, Überreizung, Gedächtnisverlust, Nervosität oder Verwirrtheit infolge chronischer Überforderung als «Krankheit» zu definieren, damit starke Medikamente wie Psychopharmaka immer weiteren Kreisen angedient werden können. Leider bestimmen heute die Anforderungen einer extrem auf Wachstum und Profit ausgerichteten Wirtschaft, wie wir zu denken und zu leben haben. Sie hat genügend Köpfe verwirrt, die glauben, mit ihnen sei etwas nicht in Ordnung, während es in Wirklichkeit unsere hektische, überkompetitive Kultur ist, die einer Korrektur bedarf.

Zurück zur *Einheit*. Im Alltag begehen wir den verhängnisvollen Fehler, hinter dem Auf und Ab der Erscheinungen unser Ich als den

«Punkt der Einheit» anzunehmen. Leider befreit uns eine rein philosophische Einsicht in die Unhaltbarkeit dieser Sichtweise nicht von der Sogwirkung des Egos. Die großen Religionen versuchen den Menschen klarzumachen, dass es etwas Größeres gibt als dieses Ich, an das einfach geglaubt werden muss. Während Gläubige auf einen Gnadenakt ihres Gottes warten, um Einsicht zu erlangen, versuchen Mystiker, die Einheit bewusst zu erleben. Da dieses Thema ein eigenes Buch verlangen würde, an dieser Stelle nur eine Erinnerung aus dem 10. Kapitel des *Tao Te King*, den Punkt der Einheit nicht im Außen zu suchen:

Kannst du deinen Geist vom Wandern abbringen
und an der ursprünglichen Einheit dranbleiben?
Kannst du deinen Körper geschmeidig halten
wie den eines neugeborenen Kindes?
Kannst du deine innere Vorstellung reinigen,
bis du nur noch das Licht siehst? [...]
Kannst du die wichtigsten Dinge bewältigen,
indem du sie einfach geschehen lässt?
Kannst du von deinem eigenen Geist zurücktreten
und auf diese Weise alle Dinge verstehen?

Übersetzung Mitchell

Die Welt akzeptieren, wie sie ist

Die rechte innere Haltung der Welt und dem Leben gegenüber ist die wichtigste Waffe im Kampf um Zufriedenheit – das behaupten sämtliche Weisheitstraditionen in Ost und West. Das Wertvollste, was wir besitzen, ist *unsere Zeit* auf Erden, die wir nur in einem Zustand von *Zufriedenheit* wirklich genießen können. Anders formuliert: Es ist ein Wunder, dass wir überhaupt hier sind, und das genügt!

Wenn Sie dem zustimmen können, dann haben Sie zwei Fixsterne, nach denen Sie Ihr Lebensboot ausrichten können. Der nächste Schritt besteht darin, diesen Einsichten gemäß zu rudern:

A) ZEIT – *wenn Zeit unser kostbarstes Gut ist, macht es wenig Sinn, sie mit Anflügen von Nostalgie zu vergeuden. Genauso wenig empfiehlt es sich, in der Manier von Coaching-Büchern dem Jetzt vorauszueilen und sich sein Leben in fünf, zehn oder fünfzehn Jahren auszumalen. Alex Anatole: «Das Echte ist in der Gegenwart; vergeuden wir sie, vergeuden wir unser Leben.»*
Da wir über unsere Zukunft keine Kontrolle haben, müssen wir unsere Aufmerksamkeit auf das momentane Wohlergehen richten. Allerdings nicht wie die Hedonisten, die die Zukunft verpfänden. Wäre es nicht toll, mit fünfzig in Pension zu gehen? Und was folgt danach? Was ist mit den Jahren bis dorthin? Wer die Gegenwart leichtfertig für eine eingebildete Zukunft opfert, wird in der Regel herb enttäuscht. Lange Wunschlisten zu machen mag helfen, die eigenen Gedanken zu ordnen, zwingt die Welt aber nicht, einem gefällig zu sein.

B) ZUFRIEDENHEIT – *wird am besten indirekt angesteuert, indem man systematisch alle Stolpersteine aus dem Weg räumt, etwa die Gier nach Ruhm und Reichtum. Nicht zu vergessen der Preis, der für unsere Begierden fällig wird: «Darum begehrt der Weise, kein Begehren zu haben, und hält Gegenstände nicht wert, die schwer zu erlangen sind» (Lao Tse, Kapitel 64). Taoisten nehmen das Leben so, wie es kommt. Sollte sich zufällig Reichtum einstellen, werden sie dessen Annehmlichkeiten genießen, ohne ihr Herz an den Zaster zu verlieren.*
Da Schmerz nicht förderlich für ein angenehmes Leben ist, gehört die Pflege von Geist, Gefühl und Körper zum

Lebensfahrplan jedes Tao-Anhängers. Die Umwelt muss uns nicht immer gutgesinnt sein, weshalb Wachsamkeit, klares Denken und ein Deuten der Zeitzeichen ebenfalls zum Arsenal des spirituellen Kriegers gehören. Funktionieren die Dinge einmal nicht wie gewünscht, ist das kein Grund, sich zu grämen. Daraus erhellt, warum Tschuang Tse in seinen erdachten Gesprächen mit Konfuzius empfiehlt: «Glück und Zorn, Freude und Kummer sollten in unserer Brust keinen Einlass finden [...]» (Lin Yutang, S. 220).

Pflege des Körpers und der Gesundheit

Der chinesische Schriftsteller und Nobelpreisautor Gao Xingjian beschreibt in der folgenden Passage, wie Atem, *Chi* und Wohlbefinden zusammenhängen:

> *Ich atme die reine Waldluft tief ein, und während ich mühelos ein- und ausatme, spüre ich, wie meine Seele tief drinnen gereinigt wird. Die Atemluft geht bis zu meinen Fußsohlen hinunter, und mein Körper und Geist scheinen in den großen Naturzyklus einzutauchen. Ich erreiche ein freudiges Gefühl von Freiheit, wie ich es noch nie erlebt habe.*

Kampfsport

Zu der erwähnten inneren Haltung gehört eine entsprechende Pflege des Körpers und der Gesundheit. Im Kampfsport kommen beide zusammen. Im Ring kann man nicht mit Konzepten boxen;

man trägt seinen Charakter zu Markte und lernt schmerzhaft, aber einprägsam die Grenzen des eigenen Könnens. Es gibt mindestens drei gute Gründe, warum Taoisten eine lange Tradition des Kampfkunsttrainings haben:

1. *Der rein physische Aspekt der Selbstverteidigung spielt heute kaum noch eine Rolle, sehr wohl aber die innere Bereitschaft, für sein Glück zu kämpfen. Taoisten sind weder aggressiv, noch ringen sie um persönliche Vorteile – das würde dem Ideal eines harmonischen Lebens widersprechen. Andererseits sind sie Realisten: Nicht immer ist der Zustand der Welt förderlich. Auch wenn physische Bedrohungen für Menschen des Westens heute seltener geworden sind, gibt es immer noch spirituelle Gefahren, die der inneren Ruhe abträglich sind. Ein Kämpfer erlernt drei Dinge: Aufmerksamkeit, die Fähigkeit zur Konzentration und Energiesteigerung.*
2. *Da die Welt ist, wie sie ist, empfiehlt sich Wachsamkeit in jedem Falle. Ein Gewahrsein des Augenblicks ist Bestandteil jeder esoterischen Tradition. Wer eine Faust auf sich zufliegen sieht, lernt rasch, in der Gegenwart zu bleiben. Wessen Wohlstand bedroht ist (etwa durch Jobverlust), der muss sofort handeln (z. B. in eine billigere Wohnung ziehen), statt einer seelischen Lähmung anheimzufallen und mittels Krediten eine Illusion vergangenen Wohlstands aufrechtzuerhalten. Die Wirklichkeit schonungslos zu sehen und rasch und konsequent zu handeln gehört zu den hervorragenden Tugenden eines Kriegers.*
3. *Nicht zu vergessen die körperliche Stärke und Geschmeidigkeit, die mit den entsprechenden Übungen einhergeht. Meister Alex Anatole ganz pragmatisch: «Ohne einen gesunden Körper ist ein zufriedenes Leben unmöglich.»*

Es geht nicht darum, eine «Ausbildung» zu machen oder einen bestimmten Grad zu erwerben, damit man dann ein Diplom an die Wand hängen kann, sondern dass diese Übungen ein integraler Bestandteil des Alltags werden. Wobei nicht unerwähnt bleiben sollte, dass dem erleuchteten Tschuang Tse selbst solcherlei Tun zu unnatürlich war. Er beschrieb die Yogis folgendermaßen:

> *Seinen Atem beherrschen, verdorbene Luft aus- und frische Luft einatmen, sich wie ein Bär recken und wie ein Kranich den Hals drehen, um langlebig zu werden – das sind die Anhänger der Geisteshygiene. Die, welche ihre Leiber zu stärken und Langlebigkeit zu erlangen wünschen, lieben diese Lehren.*
>
> **Lin Yutang, S. 191**

Immerhin hat der Weise keinen Zweifel, dass die Übungen wirksam sind. Wer berufsmäßig körperliche Arbeit verrichtet, braucht eventuell ausgewählte Übungen, um übertriebene Belastungen auszugleichen. Für unsere vorwiegend sitzende Lebensweise ist aber in jedem Fall irgendeine Form regelmäßiger physischer Belastung angebracht, und sei es strammes Gehen statt Autofahren.

Energietraining

Die einfachste Übung zur Harmonisierung und Steigerung der Vitalenergie, die je entwickelt wurde, besteht in ganz simplem Stehen. Ja, einfach entspannt und bewegungslos aufrecht stehen. Die Übung besteht aus zwei Komponenten:

A) Die Haltung: Schulterbreit stehen, Arme entspannt an den Seiten hängen lassen, Schultern auseinander und etwas nach vorn gewölbt, Knie nicht ganz durchgestreckt, Hohlkreuz vermeiden, indem man das Becken leicht vorschiebt. Eine natürliche Haltung, sofern man durch jahrelanges Hocken vor dem Bildschirm nicht krumm geworden ist.

B) Der Atem fließt sanft und leicht und man beginnt, innerlich den Körper auf Entspannung hin abzutasten. Wie? Indem man ganz einfach die Aufmerksamkeit auf steife oder schmerzende Stellen lenkt – das allein bewirkt schon eine Entspannung. Wie man präzise vorgeht, schildert etwa Meister Lam Kam Chuen in seinem Buch *Energie und Lebenskraft durch Chi Gong*, der auch Anweisungen zur Steigerung dieser Übung durch diverse Armhaltungen und Gewichtsverlagerungen gibt.

Wer diese Übung täglich zwanzig Minuten lang durchführt, wird im Laufe eines Jahres merkliche Veränderungen registrieren. Der Körper wird weicher, die Vitalenergie fließt besser, und ein Kern tiefer Ruhe beginnt sich in der Mitte des Körpers zu entwickeln. Das heißt nicht, dass man nun sanftmütig wie eine Kuh werden muss – der Taoismus akzeptiert Menschen in ihrer Ganzheit, und dazu gehören auch sich wandelnde Stimmungen. Der Unterschied: Während vorher Ärger den Körper physiologisch in Alarmbereitschaft versetzte, perlen nun Stimmungen äußerlich ab, ohne den inneren Ruhekern zu erschüttern.

Eine umfangreiche körperliche Aktivierung ist nur in Fällen echter Gefahr angebracht, um uns entweder zum Kampf oder zur Flucht bereit zu machen. Schwerer Stress dieser Art darf nur ein Ausnahmezustand sein, da er auf Dauer den Körper massiv beschädigt.

Eine leichte Anspannung ist durchaus erwünscht, nicht jedoch massiver Stress. Beobachten Sie sich genau in Situationen, die Sie besonders aufregen. Beobachten Sie ihren Körper, ob er in derartigen Situationen in Alarmzustand gerät (starkes Herzklopfen, verspannter Solarplexus, angehaltener Atem, eingekrampfte Schultern usw.): Ist das der Fall, üben Sie nicht genügend Kontrolle über ihre Gedanken/Emotionen aus. Habituelle Verhaltensweisen dieser Art müssen bewusst gemacht werden, sodass man vorsätzlich dagegen angehen kann, indem man sich zuruft: Genug jetzt! Und sofort die Aufmerksamkeit auf die eingekrampften Stellen richten, um dort den Eindruck eines «Auflösens» zu erzeugen.

Alter Stress manifestiert sich in chronischen Verspannungen, die am einfachsten durch regelmäßige Energieübungen rückgängig gemacht werden. Nach einer Weile beständigen Trainierens wird man das Energiezentrum im Unterbauch (*Tan Tien*) fühlen können – ein Zentrum, das den Chinesen überaus wichtig und schützenswert ist.

Die erwähnte einfache Stehübung kann man, wenn man will, mechanisch herunterspulen, daneben Musik hören oder fernsehen. Langweilig wird nur unserem Verstand, nicht dem Körper, der dabei genug zu tun hat, das Gleichgewicht zu wahren. Wird uns sehr schnell fad und der Drang, etwas zu tun, schier unerträglich, dann ist das ein guter Hinweis auf hohe Stresspegel. In diesem Fall empfiehlt es sich, das Stehen (das der verbesserten *Chi*-Zirkulation dient) mit einer Meditationsübung zu verknüpfen. Dabei wird die Aufmerksamkeit nach innen gerichtet und Spannungen systematisch vom Kopf bis zu den Zehen abgebaut. Eine verwandte Variante wäre das «innere Lächeln», das ohnehin zum Abbau von Gefühlsresten und körperlichen Einkrampfungen täglich angewendet werden sollte. Dabei lenkt man einfach die Aufmerksamkeit auf den Körper. Es gibt zwei Wege dahin: (a) entweder vom Kopf bis zu den Füßen hinunter den Körper «abscannen», das heißt, beginnend mit dem Schädeldach, nach und nach jede Körperregion erspüren und ihr ein freundliches Lächeln zuschicken. Bis in die Organe hinein, die man mit einiger Übung wahrnehmen kann (dass dies überhaupt möglich ist, hat mit *Chi* zu tun). Oder (b) in einer kürzeren Form die Aufmerksamkeit nur auf schmerzende Stellen richten und dort so lange hin konzentrieren, bis ein Gefühl des «Abschmelzens» zu registrieren ist. Dazu braucht es nicht unbedingt eine Visualisierung (z. B. zerfließendes Eis, das allmählich flüssig wird und verdampft), es genügt der gefühlsmäßige Eindruck.

Die bei uns bekannten chinesischen Meditationsübungen benutzen fast ausnahmslos das Atmen oder Visualisierungen – beides Feuer-(= *Yang*-)Techniken, da sie gezielt vorgehen und willensbetont sind, was perfekt in unsere ehrgeizige Zeit passt. Der Wille dominiert hier das Wohlbefinden, Unbehangen wird dabei oft als etwas angesehen, durch das man «durchmuss». Im Zen-Buddhismus wird erwartet, dass man die Schmerzen des langen Sitzens aushält, da die erstrebte Geistesruhe als viel wichtiger angesehen wird. Taoisten gehen davon aus, dass Meditieren unter Schmerzen unnatürlich ist. Der Ansatz des Erzwingens, sich Quälens und den Körper als zweitrangig (= der Erleuchtung im Wege stehend) zu betrachten widerspricht fundamental dem Bedürfnis der Taoisten nach Natürlichkeit und einem behaglichen Dasein.

Dem Geist des Taoismus entspricht viel besser das «Gewähren-Lassen» der Wasser-Tradition (= *Yin*). Siehe F. K. Frantzis: *Im Tao sein* (Originaltitel: *Relaxing Into Your Being*).

Es ist hier nicht Platz, verschiedene Übungen ausführlich zu beschreiben. Nur ein kleiner Hinweis, den jeder verstehen wird, der taoistische Übungen (*Chi Kung*, Meditation, *Tui Na* usw.) durchführt: Taoisten bewahren ihr Wohlbefinden, indem sie ihre Wahrnehmung regelmäßig nach innen richten. Das bedeutet *nicht*, sich in Selbstgespräche oder Nabelschau zu verlieren, sondern vielmehr, die Aufmerksamkeit *beiläufig* auf den eigenen Körper zu konzentrieren. Sobald man im Bereich des Magens oder sonst wo Spannungen wahrnimmt, wird sofort an deren Auflösung gearbeitet. Wer zu Ärger neigt, wird bemerken, welche Rolle dabei die Leber spielt, von der aus Hitze aufsteigt. Mit genügend Achtsamkeit spürt man, wie sich Organe geradezu verhärten. Wer dem automatischen Gefühlsausbruch auf der Energieebene entgegenarbeitet, wird ihn bald unter Kontrolle bekommen (eine Leber, die energetisch im Gleichgewicht ist, unterstützt keine Zorneswallungen; selbst wenn objektiv Anlass zu Ärger gegeben ist, dringt dieser dann nicht bis tief in den Körper und Geist vor, sondern bleibt an der Oberfläche des Intellekts).

Jedenfalls arbeiten Taoisten aktiv an der Erhaltung ihrer Gesundheit, für die sie selbst – und kein Arzt – verantwortlich sind.

Atem und Bauch

Bauchatmung (Abdominalatmung, Zwerchfellatmung) ist nicht bloß für Opernsänger und Kampfsportler ein Muss. Man atmet dabei mit Hilfe der Zwerchfellmuskulatur, ohne angestrengt den Thorax zu dehnen. Die Lungen füllen sich von selbst, sobald sich bei der Einatmung der Unterbauch nach vorn wölbt und das Zwerchfell langsam absinkt. Der Brustkorb bleibt entspannt, die Organe werden durch den Atemrhythmus sanft massiert. Zudem füllen sich die Lungen besser, deren unterer Teil bei einer reinen Brustatmung etwas unterversorgt bleiben. Eine «Body-Builder-Figur», bei der aus ästhetischen Gründen der Oberkörper aufgebläht und steif wird, während gleichzeitig der Unterbauch zusammengezogen und die Organe gequetscht werden, kommt für Praktikanten des Tao nicht in Frage.

Was Ernährung betrifft, so gibt es unter Taoisten vielerlei Anschauungen. Vegetarismus ist nicht sehr verbreitet, auch wenn einige Bücher das behaupten. Eine Besessenheit in Diätfragen, wie sie der an sich kundige Autor Daniel Reid zeigt, ist keineswegs typisch für alle Taoisten. Mein eigener Lehrer war in Fragen des Essens nicht sehr wählerisch und ziemlich «chinesisch» (Chinesen essen so gut wie alles, was in einem Kochtopf weich wird). Theoretisch ist es zwar möglich, mit ein wenig Gemüse und Wasser zu überleben, wenn man sich nicht allzu sehr verausgabt – aber wozu? Über das pure Überleben hinaus ist Nahrungszufuhr einfach erfüllend, nicht bloß für den Bauch. Es gibt Taoisten, die trinken Wein, hin und wieder rauchen welche – Regeln auf diesem Gebiet würden nur unnötigen Stress verursachen, und den meiden Anhänger einer taoistischen Lebensweise, so gut es geht. Wenn der *Chi*-Fluss stark und unbehindert ist, dann erweist sich der Mensch als wahrer Allesfresser; gefinkelte Theorien, warum wir kein Fleisch oder keine Körner oder was immer essen sollten, tangieren gesunde Menschen wenig.

Wohlbefinden hat viel mit einem weichen Bauch zu tun, der sich sanft im Rhythmus des Atems hebt und senkt. Aufgetriebene Wampen, chronische Verstopfung, ein harter, angespannter Solarplexus sind Garanten für Unwohlsein. Stress macht sich als Erstes in der Bauchregion bemerkbar (der Darm ist ein sehr sensibles Organ). Eine gehetzte, atemlose, angsterfüllte Existenz beschert uns einen Kloß im Magen, leicht ertastbar im Sonnengeflecht, das dann extrem empfindlich auf Berührung reagiert (in gesundem Zustand kann man hineindrücken, ohne dass einem gleich hundeelend wird).

Der Solarplexus ist auch als «Bauchgehirn» bekannt. Abgesehen vom empfindlichen Nervenzentrum schätzen Taoisten auch das untere *Tan Tien* (= Energiezentrum), das sich rund vier Zentimeter unterhalb des Nabels, in der Mitte des Bauches, befindet; nach langjähriger Praxis beginnt sich aufgrund der *Chi*-Ansammlung der Unterbauch ganz ohne Bierkonsum etwas nach außen zu wölben, obwohl er weich bleibt. Der französische Osteopath, Ernährungsberater und Physiotherapeut Pierre Pallardy hat seine gesamte Praxis rund um den Bauch («das Epizentrum des Lebens») aufgebaut und große Heilerfolge damit erzielt. Die Wichtigkeit des «Bauchgehirns» ist nicht zu unterschätzen.

Weitere Hinweise zur Gedanken- und Gefühlskontrolle

Das Erleuchtungsideal wird in diversen mystischen Traditionen unterschiedlich beschrieben, mündet aber in einen geistigen Zustand, der ein kennzeichnendes Element aufweist: ein ursprüngliches Staunen. Ich benutze den Begriff «ursprünglich», weil damit auf keinen Fall ein intellektuelles Staunen (z.B. angesichts eines Kunstwerks) gemeint ist.

Wir kommen mit dieser Fähigkeit auf die Welt, büßen sie aber mit der Entwicklung des diskriminierenden Intellekts nach und nach ein. Da der vernunftbetonte Geist Teil unserer Natur ist, können wir als Erwachsene nicht einfach in die «kindliche Unschuld» (verwandt dem «tierischen Behagen») zurückkehren. Um alle Möglichkeiten der menschlichen Natur auszuschöpfen und gleichzeitig die hemmenden Haltungen loszuwerden, sind spezifische Übungen notwendig. Ein «gottgefälliges Leben» im christlichen Sinne kann durchaus erfüllend sein – es führt aber nicht automatisch zum «ursprünglichen Staunen». Christliche Mönche sind sich dieses Umstands auch bewusst und verweisen darauf, dass «Erleuchtung» nur durch Gottes Gnade möglich ist. Diesen Punkt sehen Mystiker anders.

Wie geht man Gedanken- und Gefühlskontrolle im Alltag an?

a) Generell: Was immer man tut, sollte sich *natürlich* anfühlen und nicht krampfhaft erzwungen sein.
b) Der erste Schritt besteht darin, *nichts* zu *tun* – bloß sich der einschießenden Gefühle *bewusst* zu werden und ihre Existenz zu akzeptieren, ohne sofort automatisch zu reagieren (zu schimpfen, sich aufzuregen oder einzukrampfen etc.). Es macht nicht viel Sinn, sich auf einen «höheren» Standpunkt zu hieven, um sich dann über seine «niederen» Gefühle und Reaktionen zu ärgern.
c) Sich emotional zu entladen, wie von manchen Psychologen empfohlen, mag anfangs erleichternd wirken, löst das zugrundeliegende reaktive Muster aber nicht.
d) Im taoistischen Denken sind Gefühle eng mit dem Stand unseres inneren Energiepegels verknüpft. Gedanken sind ein geistiges *und* körperliches Phänomen. Stress und traumatische Erfahrungen hinterlassen immer auch im Körper Spuren. Man kann sich das wie ein «verhärtetes Gewebe» oder «rostige Nervenbahnen» vorstellen, durch die die Vitalenergie (*Chi*) nur vermindert zirkuliert.
e) Der zweite Schritt, um die Heftigkeit von Emotionen zu mindern,

ist eine adäquate Sicht der Welt. Wenn ich überhöhte Ansprüche stelle (= in einem bedürftigen Zustand verharre), werde ich entsprechend viele negative Rückmeldungen von der Wirklichkeit erhalten. «Handeln, ohne sich anzueignen», empfiehlt Lao Tse im 10. Kapitel. Unnötige Reibungen vermeiden, sich nicht einmischen, andere nicht belehren, keine inneren Dialoge über den Zustand der Welt, kein empörendes Schnauben über «abweichendes» Verhalten … hilft alles, kostbare Energie zu sparen. Tierschützer und Vegetarier leiden, weil sie sich schwertun, die Welt und das Leben so zu akzeptieren, wie sie sind. Dahinter steckt eine seelische Verwundbarkeit, die besser direkt geheilt wäre denn durch Umweg über eine Ideologie veräußerlicht. Eine Yoga-Lehrerin aus meinem Bekanntenkreis bildete sich ein, ihre emotionalen Tiefs rührten von Mobilfunkmasten her, weshalb sie erzürnt und beängstigt den wachsenden Einsatz von Handys registrierte. So lässt sich seelisches Narbengewebe nicht auflösen …

f) Sich freimachen von den Erwartungen anderer. Taoisten erfüllen freudigen Herzens ihre selbstgewählten Pflichten, lassen sich aber nicht von stillen Erwartungen manipulieren; eine diesbezügliche innere Unabhängigkeit ist entscheidend. Es ist nicht so, dass unsere Mitmenschen kein Recht hätten, Ansprüche an uns zu stellen – aber in der Regel verhalten sich Taoisten zivilisiert genug, um keine negativen Reaktionen der Umwelt herauszufordern.

g) Der dritte Schritt lässt sich mit «reduzieren und konzentrieren» umschreiben. Weniger unternehmen, aber das aufmerksam und hingebungsvoll. Aus dem Konzept von *Yin* und *Yang* ist ableitbar, dass eine erhöhte Aktivitätsperiode eine ebenso große Ruheperiode nach sich ziehen soll. Je müder, umso stressanfälliger. Dazu gehört, die eigene körperliche, geistige und emotionale Begrenztheit anzuerkennen. Wenn rundum der Wahnsinn hell auflodert und eine Welt ohne Pause fordert, muss ich nicht mitmachen. Es unterliegt durchaus meiner Kontrolle, ob ich hundemüde abends

Zeit vor der Glotze vergeude oder einfach ins Bett gehe und mich ausschlafe. Es gibt kaum einen zeitgenössischen Hollywoodfilm, wo Berufstätige nicht als Erstes, sobald sie nach Hause gekommen sind, zum Alkohol greifen. Eine solche Haltung schafft lange Zonen der «Bewusstlosigkeit», wo man nicht recht da ist, sich nicht wirklich erholt und die tiefe innere Erschöpfung noch verschlimmert.

Damit wäre die Basis gelegt. Sobald wir genauer wissen, wann und wodurch negative Gefühle ausgelöst werden, erkennen wir auch besser die Natur der begleitenden Gedanken. Je mehr alte Gefühlsstaus abgebaut werden, umso seltener werden Albträume (Tschuang Tse: «Da er traumlos schläft und sorgenlos erwacht, ist sein Geist rein und seine Seele nie müde», S. 192).

Das taoistische Körper-Gehirn-Modell unterscheidet sich beträchtlich von unserer zeitgenössischen Anschauung. In der chinesischen Philosophie entstehen Gedanken, besonders emotionsbetonte, im *Körper* (vor allem im Herzen). Deswegen kann man durch Konzentration auf den Körper geistige Effekte erzielen und die Gefühle beeinflussen.

Mit der erwähnten Wasser-Meditation lassen sich nicht nur körperliche Blockaden lösen, sondern auch Gefühlsstaus abschmelzen. Täglich angewendet, reduzieren sich nicht nur die Blockaden, es finden auch frische negative Erlebnisse weniger Haftungspunkte. Dann bleiben eine tiefe innere Entspannung, ein köstlicher Frieden dem Gemüt stabil erhalten. Man wird dann sensibler gegenüber Veränderungen in der Umwelt, erkennt frühzeitig, wenn die aufbauende *Yang*-Energie in abbauendes *Yin* umschlägt.

Als ich meinen Meister zu diesem Punkt befragte, empfahl er mir, negative Erfahrungen einfach zu «vergessen». Was er damit meinte, war, dass ein böser Gedanke einem zwar einschießen mag, wenn man ihn aber nicht durch Aufmerksamkeit nährt, zieht er rasch weiter wie eine dunkle Wolke an einem windigen Sonnentag.

Es ist also keineswegs notwendig, ein gedankenleeres Gehirn zu bekommen (was unmöglich ist – wir sind ja keine Steine) oder keine Gefühle mehr zu haben (ohne Gefühle gibt es auch kein Wohlbefinden). Wichtig ist, Extreme zu meiden, um rasch wieder ins Gleichgewicht zurückzufinden. Wie erwähnt, bedeutet auch heftige Freude einen Ungleichgewichtszustand, sosehr wir sie auch begehren.

Also: Mit der geeigneten inneren Haltung und Aufmerksamkeit sowie regelmäßigem inneren Spannungsabbau wird allmählich unser Innenleben harmonischer. Wer dann noch seine Begierden unter Kontrolle bekommt (eingedenk der Einsicht, dass ein erfüllter Wunsch immer einen anderen nach sich zieht), dem steht das Tor zur taoistisch inspirierten Erleuchtung weit offen.

«Zufriedenheit bringt Glück», weiß ein kluges chinesisches Sprichwort. Und genau dort will der gelernte Taoist hin. Je zufriedener wir werden (mit dem, wer wir sind), je aufmerksamer und bewusster wir leben, je konzentrierter unsere Tätigkeiten, je reduzierter unsere Begierden, umso stabiler wird diese kostbare Zufriedenheit. Auch die Welt wird uns dann nicht mehr im Weg stehen:

> *Eben weil er [der Weise] nicht strebt, kann niemand auf der Welt gegen ihn streben.*
>
> LAO TSE, Kapitel 22

Übung 6

Emotionale oder intellektuelle Nabelschau sollte kein Selbstzweck sein. Eine bessere Einsicht in das eigene Wesen hilft, klarer zu erkennen, was einem wirklich guttut. Damit ist der erste Schritt zur Konfusionsvermeidung (= eigene Bedürfnisse versus soziale Erwartungen) getan. Der zweite Schritt sollte nun nicht mehr schwerfallen: Lassen wir die Notwendigkeit, den Lebensunterhalt

zu verdienen, einmal beiseite und konzentrieren uns auf den großen Rest: Diese Zeit sollte mit regelmäßigen Aktivitäten, die uns Freude machen, angefüllt sein.

Was braucht es dazu? Mit Hilfe der vorangegangenen Überlegungen sollte die Beantwortung dieser Frage keine Schwierigkeiten mehr bereiten. Wer an dieser Stelle ein «Ja, aber» einwirft (es wäre fein, wenn ich tun könnte, was ich wollte, aber mein Alltag besteht nur aus Pflichten), hat sich zu viel aufgehalst. Menschen, die auf ihre innere Stimme hören, meiden Perfektionismus, verneinen fremde Ansprüche und leben in einem Haus, das durchaus mal staubig sein darf. Der Taoist «plant nicht, drängt nicht und rechnet nicht» (Tschuang Tse, Lin Yutang, S. 192).

Entscheidend ist, einen angenehmen Rhythmus zu finden, sodass wiederkehrende Aufgaben mit minimalem Energieaufwand erledigt werden. Dann wird das Gehirn frei für echte Wahrnehmung, tiefe Gefühle und kreative Gedanken. Geld ist dabei selten ein Hinderungsgrund – Lesen, Musikhören, Spazierengehen, ein Hobby pflegen kosten selten viel: Man darf sich bloß die Freude daran nicht durch ein puritanisch schlechtes Gewissen (eigentlich sollte ich etwas *leisten* …) verderben. Statt teuer auszugehen, kann man Freunde auch zu Hause treffen. Wer regelmäßig *Chi Kung* übt, verfeinert das Nervensystem genügend, sodass es keiner Rauschmittel bedarf, um ein wohliges Gefühl auszulösen – guter grüner Tee tut's auch. Wer sich nicht länger im sozialen Wettstreit zu erhöhen sucht, kann leichten Herzens auf die gängigen Statussymbole verzichten.

Nun liegt es an Ihnen: Stehen Sie zu Ihrer Natur, sind Sie bereit, Ihren eigenen Bedürfnissen und Prinzipien gemäß zu leben – oder gieren Sie immer noch nach dem Zunicken der anderen, wollen Sie immer noch deren Neid wecken? «Ruhm oder das eigene Leben, welches von beiden liebt man mehr?», fragt Lao Tse im 44. Kapitel. Sind Sie stark genug, Ihren Weg allein zu gehen?

Tschuang Tse wusste genau, warum er empfahl, sich aus dem Sozialwettstreit herauszuhalten:

Genug haben ist Glück, mehr als genug haben ist unheilvoll.
Das gilt für alle Dinge, aber besonders für Geld.

Lin Yutang, S. 211

Der Lauf der Dinge

Wer das Tao endgültig versteht, diskutiert nicht.

TSCHUANG TSE

Wasser ist extrem nachgiebig, anpassungsfähig, ohne eigenen Willen; es fließt ohne Anstrengungen seinen Weg, und taucht ein Hindernis wie ein Fels auf, wird es elegant umgangen. Doch Wasser ist gleichzeitig ausdauernd, langfristig besiegt es den härtesten Fels. So sollen auch die Handlungen eines Taoisten sein: spontan dem eigenen Wesen und den vorgefundenen Tatsachen folgend.

Schwierigkeiten entstehen durch den Umstand, dass die umgebende Kultur prinzipiell das Künstliche dem Natürlichen vorzieht. Dieser Konflikt bestand schon vor zweitausendfünfhundert Jahren im alten China, wo unter dem Einfluss des Konfuzius ein ausgefeiltes Regelwerk das Zusammenleben der Menschen bestimmte. Tschuang Tse wettert in seinen Schriften gegen jede aufgezwungene Ordnung. Etwa gegen absolute moralische Ansprüche, einfach aus der Erkenntnis heraus, dass die richtige Handlung immer von den Umständen abhängt.

Über Begehren und Selbstkontrolle

Spanne (den Bogen) bis aufs äußerste, und du wirst wünschen, rechtzeitig eingehalten zu haben.

Lao Tse, Kapitel 9

In welch verwirrter Zeit wir leben, beweist allein das Thema Selbstdisziplin: Das, was wir wahrhaftig nicht kontrollieren können – ob wir Nachwuchs bekommen, wie alt wir werden, ob wir im Leben Erfolg und Reichtum anziehen –, wird mit Gewalt zu erzwingen versucht. Vom Selbstverbesserungsseminar über das käufliche Konsumglück bis zum alles verheißenden Gen-Umtausch reichen die kühlkalkulierten Phantasien, mit denen bodenlose Träume am Köcheln und die Brieftasche offen gehalten werden.

Andererseits werden Dinge, die durchaus von uns kontrolliert werden können – wie wir über die Welt denken und auf Ereignisse reagieren –, von einer Koalition aus Radikaldarwinisten, Psychiatern und politischen Gleichschaltern als übermächtig eingestuft. Selbst die hohe Politik ist darauf hereingefallen und hat in einem Anfall von politisch korrekter Umnachtung «Beleidigtsein» zu einem kompensationswürdigen Tatbestand gemacht: Ich bin sauer, also muss es einen Schuldigen geben.

Seit alters her ist bekannt, dass das Einzige, was wirklich unter unserer Kontrolle steht, unsere Haltung zum Leben ist. Ziel ist ein gelassenes, ausgeglichenes Gemüt, das auch den Widrigkeiten des Schicksals standhält.

Wenn Gier nach Besitz der «gesellschaftliche Normalzustand» ist, dann strebt ein jeder auf diese Art und Weise herauszuragen, obwohl durch Raffen und Horten noch nie jemand glücklich geworden ist. Dabei sind wir jederzeit in der Lage, ein neues Lebensziel zu entwerfen.

Wir haben uns angewöhnt, Wohlstand als gegeben hinzunehmen, ja geradezu ein staatlich garantiertes «Recht» darauf zu haben. In unserer inneren Erwartungshaltung kann es nur so weitergehen wie bisher – radikale Brüche sind nicht vorgesehen. Eine fett schillernde Illusion. Da draußen gibt es keinen Gott, der den Westen für imaginierte Leistungen belohnt; wir nehmen, was wir kriegen können, weil uns niemand daran hindert. Eine reine Machtfrage. Vielleicht sind die fanatischen Terrorgruppen und das Aufleben fundamentalistischer Weltanschauungen nicht bloß ein temporärer Ausrutscher auf dem Weg zum ewigen Wohlstand, sondern der Beginn von unsicheren Zeiten ... der Beginn von Verteilungskämpfen, vom Ringen um Wasser und Raum, um eine Neuordnung der wirtschaftlichen Vormacht und des politischen Einflusses. Als Taoist glaube ich nicht daran, armen Afrikanern etwas zu schulden. Andererseits gibt es auch keinen Grund, ihnen Ressourcen abzuluchsen oder sie im Handel zu übervorteilen.

Die Welt gibt einfach nicht so viel her, dass sechseinhalb Milliarden Menschen – in fünfzig Jahren könnten es über acht Milliarden sein – in Saus und Braus leben: Wir haben dafür nicht genug Platz, nicht genügend sauberes Wasser, nicht ausreichend billige Energie und Rohstoffe. Und selbst wenn wir noch einen Ersatzplaneten zur Ausbeutung zur Verfügung hätten, würde es am Problem nichts ändern, dass die menschliche Gier, ideologisch angefacht und kulturell gefördert, absolut zerstörerisch ist. Selbst wenn alle viel hätten, wäre dem Spiel kein Ende gesetzt. Gier erzeugt immer große Ungleichgewichte und damit automatisch Armut, Ärger, Hass und Lust auf Rache – egal auf welchem Niveau.

Aber vielleicht sind wir auch schon zu viele auf diesem eng gewordenen Erdenrund, und das fortwährende Ringen um persönliche Vorteile und Status ist nur der Vorbote eines härteren Existenzkampfes. Den Anthropologen zufolge, die Statuskämpfe auch bei Menschenaffen beobachten, waren wir immer so. Laut Lao Tse keineswegs – wir haben zwar eine Tiernatur, aber nur der Mensch (und kein Tier) besitzt Selbstgewahrsein, das ein Verbindungslied zwischen dem *Yang* des Himmels und dem *Yin* der Erde herstellt. Wenn Tschuang

Tse von einem «Urmenschen» spricht, hatte er sicher keine Schimpansen im Sinn.

Wenn Menschen in Afrika oder anderswo vermeidbare Tode sterben, ist das sicherlich tragisch. Ist es auch tragisch aus der Sicht der «Menschheit»? Nicht notwendigerweise. Um als Gattung zu überleben, braucht es sicher nicht sechseinhalb Milliarden von unseresgleichen. Vielleicht könnte eine Milliarde ein ausgeglicheneres, friedvolleres Leben führen. Lao Tse war überzeugt davon:

> *(Schaffet) ein kleines Land mit geringer Volkszahl,*
> *Wo das Angebot an Gütern den Verbrauch zehn- oder hundertfach übersteigt.*
> *Lasst die Leute ihr Leben werthalten*
> *Und nicht in die Ferne fortwandern.*

Kapitel 80, Lin Yutang

Wenn Lao Tse schon vor zweitausendfünfhundert Jahren eine zu große Bevölkerung thematisierte, dann hat die Welt heute mit Sicherheit ein gigantisches Problem. Um in Ruhe und Frieden leben zu können, brauchen wir nun mal Platz, genauso wie jedes Wildpferd. Pfercht man Tiere in enge Käfige, werden sie neurotisch. Wir Menschen auch, woran Fluchten in virtuelle Welten nichts ändern – innerlich bleiben wir gestresst. Selbst wenn das eine Tatsache ist, mit der wir leben müssen, heißt das nicht, dass unser Wesen ein eingekeiltes Leben gut findet. Dank technischer Intelligenz sind wir in der Lage, unsere gesamte Heimstatt zu verwüsten; wo gehen wir dann hin?

Einige Technikfanatiker träumen von Mensch-Maschine-Hybriden. Was soll dadurch besser werden? Computer können nur Daten verarbeiten. Informationsmangel ist sicher nicht die Ursache unseres Scheiterns. Wir besitzen durchaus die Fähigkeit zur Zufriedenheit. Wenn wir – aus welchen Gründen auch immer – nicht willens sind, in weiser Selbstbeschränkung zu leben, kann uns auch das Anstöpseln an eine Maschine nicht bessern. Der grundsätzliche Irrtum liegt in

Wahrheit darin, dass sich jedes einzelne Ego für den Mittelpunkt der Welt hält. Der Natur ist die Existenz des Individuums aber völlig egal. Wie schon Lao Tse sagte: «Die Natur behandelt uns wie stroherne Opferhunde.»

Im Gegenzug die Natur zu bekämpfen ist alles andere als weise. Ray Kurzweil, in den USA als Erfinder und Futurologe hoch geachtet, behauptet in seinem Buch *The Singularity is Near*, die Informationstechnik werde uns von allen Übeln dieser Welt befreien und unsterblich machen. Warum fragt niemand, wie dieser «Vordenker» lebt (was seine «Visionen» leicht erklären könnte)? Vor Angst gebeutelt, täglich kübelweise Tabletten einwerfend, hätte der gute Mann in einem früheren Leben einen Schamanen aufgesucht, auf dass er ihm die bösen Geister austreibe. Heute projiziert man seine Lebensangst nach außen und will das Leben «verbessern». Ein entsetzlicher Irrtum. Kurzweil ist ein gutes Beispiel, dass ein überentwickelter Verstand bestenfalls zu kalter Technologie, Größenwahn und Lebensangst führt, aber ganz sicher nicht zu einer glücklichen Existenz. Man stelle sich bloß eine Welt vor, in der die nunmehr unsterblichen Alten die ganze Welt besitzen und sich weigern, den Jungen Platz zu machen … wie großartig auch immer die technologischen Umstände sein mögen, irgendwann würden die Jungen zu nackter Gewalt greifen und sich Platz (in jeder Hinsicht) schaffen …

Ein Taoist versucht das Große und Ganze zu verstehen. Er beobachtet, nimmt Anteil, spendet seinen Nächsten Trost – ohne aber Opfer zu werden. Opfer ist eine Rolle, die im taoistischen Arsenal nicht vorgesehen ist. Hier besteht ein gravierender Unterschied zu christlichem und buddhistischem Denken. «Ich leide, daher bin ich» mag einem Flagellanten einleuchten, aber niemals einem Menschen des Tao. Auch würde ein Taoist alle erdenklichen Maßnahmen ergreifen, um nach dem ersten Schlag nicht auch noch einen zweiten abzubekommen. Das gilt auch im übertragenen Sinn.

Was verdirbt uns denn ein freies und zufriedenes Leben? Erwartungen. Es gibt nicht den geringsten Grund, dass uns die Welt zu Willen ist, nur weil wir glauben, auf etwas Anrecht zu haben. Selbst wenn unser Anspruch gerechtfertigt erscheint, ist es immer noch fraglich, ob es klug ist, sich das Leben zu versauern, wenn sich die Dinge nicht unseren Vorstellungen gemäß verhalten.

Ein Beispiel: Der Dichter Gao Xingjian erzählt im 28. Kapitel seines Buches *Berg der Seele*, wie er mit einem Überlandbus langsam seinem Ziel entgegenzuckelte, als sie von zwei Kontrolleuren aufgehalten wurden. Scharf darauf, eine Strafe zu erteilen, verlangten die Beamten vom Fahrer eine große Summe, bloß weil er ein Ticket nicht ordnungsgemäß entwertet hatte. Der wehrte sich natürlich gegen die Abzocke. Langes Palaver, die Passagiere werden ungeduldig, die Kontrolleure verduften daraufhin. Doch der Fahrer bleibt sauer, in seiner Ehre und seinem Gleichgewicht gestört. Endlich kann er zur Weiterfahrt überredet werden, stoppt jedoch im nächsten Dorf, angeblich zwecks Auftankens. In Wirklichkeit besäuft er sich und fährt nicht vor dem nächsten Tag weiter.

Nun ist der Autor stinksauer auf den Mann und dessen herablassende Behandlung der Passagiere. Doch denen scheint das wenig auszumachen, die meisten haben Bekannte in der Nähe. Der Schriftsteller ist ratlos, weiß nicht, was er tun soll, bis ihm plötzlich bewusst wird, «dass es einfach keine Vernunft in der menschlichen Welt gibt». Er räsoniert: «Hätte ich nicht diesen Bus genommen, hätte ich da nicht den ganzen Stress vermieden?» Doch uns steht keine zweite Lebensschleife zur Verfügung, die uns erlauben würde, auf Probe zu leben.

Langsam geht die Sonne unter, während der Dichter auf seiner Wanderung durch das Dorf allmählich wieder ein inneres Gleichgewicht und die offene Wahrnehmung des Künstlers findet:

«Ein Bauer geht mit hochgerollten Hosenbeinen die Böschung entlang, die Waden schmutzbedeckt. Weiter vorn führt ein Kind einen Wasserbüffel am Seil zu einem Teich nahe dem Dorf. Ich beobachte den Rauch, der von den Kaminen über den Dächern unter mir aufsteigt, und Frieden erhebt sich in meinem Herzen. Ich bleibe stehen und lausche dem Klang der Trommeln aus dem Dorf.»

Plötzlich ist da kein verspäteter Bus mehr, kein ausgerasteter Fahrer, keine niederträchtigen Inspektoren, keine Hetze, kein Ärger. Während der Poet die friedliche Szene auf sich einwirken lässt und tief drinnen spürt, wie sich das Leben fortwährend entfaltet und verändert – die schrillen Stimmen der Frauen und Kinder, surrende Insekten, zwitschernde Spatzen –, ist er sich gleichzeitig seiner Melancholie bewusst. Gao Xingjian kannte das Landleben, von Maos Schergen gezwungen, auf den Feldern zu arbeiten, hatte also keine Sehnsucht nach unechter Naturromantik. Das Gefühl des Getrenntseins ist der Preis für unsere Fähigkeit, über das Dasein zu reflektieren:

> *[...] die trockene und harte Erde unter meinen Füßen, die lose zerbröckelt, versunkene Lust und der Durst nach Glück, ein inneres Zittern, ausgelöst durch den Klang der Trommeln, ein Verlangen, barfuß zu sein und auf einer Türschwelle zu sitzen, die schon schwarz ist von all den Menschen, die darauf gesessen haben – das alles fließt ineinander.*

Maßvolle Leidenschaft

Leidenschaften werden – je nach kultureller Großwetterlage – verdammt oder angebetet. Wenn berühmte Künstler die Kontrolle verlieren, stehen die Medien ehrfürchtig bei Fuß. Leidenschaften dieser Art halten alle spirituellen Traditionen für gefährlich. Sich in Illusionen und Wahnvorstellungen zu ergehen ist ein garantierter Weg in die «Hölle» – egal wie «belebt» man sich zwischenzeitlich fühlen mag.

Pascal hat in seinen *Gedanken* (1662) scharfsinnig folgende Beobachtung gemacht: Man nehme einen Mann, der sich vor der Langeweile schützt, indem er jeden Tag eine kleine Summe verspielt. Wenn man ihm nun dieselbe Summe, die er unter Umständen gewinnen könnte, einfach schenkte, aber mit der Auflage verbunden, nicht zu spielen, würde man ihn unglücklich machen. Man könnte nun argumentieren, dass der Typ nur Unterhaltung durch das Glücksspiel sucht und nicht den Gewinn. Doch man lasse ihn ohne Geldeinsatz spielen, und sein Interesse wird sich nicht entzünden – er wird sich langweilen, also kann es das Spielen allein auch nicht sein. Halbherzige Unterhaltung ohne Aufregung langweilt ihn. Er sucht die Erregung, er muss sich selbst täuschen, dass ein Gewinn ihn glücklich machen würde. Er muss für seine Leidenschaften ein Ziel schaffen und dann sein Begehren wecken, seine Furcht, seinen Ärger … ähnlich wie Kinder sich durch aufgemalte Gesichter selbst in Angst versetzen.

So ist die Welt unserer Gefühle beschaffen, und es macht wenig Sinn, uns Leidenschaften durch Gebete, Meditation oder kalte Duschen auszutreiben; sich selbst zu mumifizieren ist kein Rezept für Glück. Wir brauchen Emotionen, deshalb sollten wir sie wertschätzen. Ein spirituelles Leben bedeutet beileibe nicht, nur noch gekelterte Gefühle zu haben, durch den Filter irgendeiner Moralverordnung ausgesiebt. Leben ist immer kompliziert und für jeden Menschen schwer; diese Tatsache ist gelassen hinzunehmen, ebenso wie jede Gabe des Himmels. Leidenschaften sind ein Geschenk der Natur.

Den im Tao lebenden Menschen «können Liebe und Hass nicht berühren, Gewinn und Verlust nicht erreichen» (Lao Tse, Kapitel 56). Wiederum gilt: Ein Taoist steht geliebten Menschen keineswegs gleichgültig gegenüber; seine Handlungen sind bloß nicht von Annahmen diktiert, was wohl die Welt über ihn denken könnte. Weder Liebe noch Hass können die Taoisten aus der erreichten Einheit mit ihrem Wesen herausreißen.

In diesem Geist ist folgender Ausspruch des Tschuang Tse zu verstehen:

> *Wenn man stark in der Erkenntnis des Tao ist, kümmert man sich nicht um die kleinlichen Probleme des Lebens.*
>
> **Lin Yutang, S. 76**

Natürlich schenken Taoisten den Kleinigkeiten des Lebens Aufmerksamkeit (wenn ich mich um die ersten Anzeichen einer Grippe nicht kümmere, liege ich ein paar Tage später im Bett) – sie lassen sich bloß innerlich vom Auf und Ab der Alltagsdinge nicht aus der Ruhe bringen. Ich konnte es bei Sabomnim, meinem Lehrer, sehr oft beobachten: Ob etwas funktionierte oder nicht, schien ihn überhaupt nicht zu berühren. Auch litt er nicht unter dem Syndrom des Sich-beobachtet-Fühlens, weshalb er nie einen Anlass hatte, sich peinlich berührt zu fühlen, wenn etwas schiefging. Sollte ihm auf der Straße vor allen Leuten die Hose runterrutschen, würde er keineswegs peinlich betroffen erröten, sondern bloß grinsend murmeln: «Ah, Gummi kaputt.» Simpel auf die Tatsache bezogen, kein unnötiges Theater in der Einbildung schaffend.

Wenn man sich von Verwirrung weitgehend freimacht, braucht man nicht unbedingt einen Tugendkatalog. Natürlich können uns diverse Ich-Wünsche und Begierden zu schädlichen Taten verleiten; aber Abschmelzen gefrorener Emotionen und zunehmendes Gewahrsein sind ein integraler Bestandteil des taoistischen Weges zurück zum unverdorbenen Herzen.

Leitlinien für ein zufriedenes Leben

Es gibt zwar kein Dogma und keine Glaubensgebote im philosophischen Taoismus der Frühzeit (ehe er zu einer Volksreligion wurde), es lässt sich aber eine Handvoll Regeln ausmachen, die sich in der praktischen Anwendung bewährt haben. Jene, die hinter der taoistischen Konzentration auf individuelle Zufriedenheit eine zu große Aufmerksamkeit auf das Selbst mutmaßen, seien zart daran erinnert, welch geradezu gigantische Zerstörungen es in der gesamten Geschichte nach sich gezogen hat, wenn Menschen ihr Unbehagen in die Welt hinausgetragen haben. Eine Gemeinschaft aus zufriedenen Individuen ist automatisch eine ideale Gemeinschaft – im Vergleich dazu zieht jedes von oben aufgezwungene Programm immer Missverständnisse, Widerstand, Auflehnung nach sich …

1) Da wir alle Teil ein und desselben lebenden Gewebes sind, vermeiden Taoisten, anderen Menschen beziehungsweise empfindungsfähigen Lebewesen vorsätzlichen Schmerz zuzufügen. Es gibt keinen Grund, die eigene Überlegenheit zu betonen, um in anderen Neid, Angst oder Unterlegenheitsgefühle zu verursachen.

> *«Der Beste der Menschen ist wie Wasser; Wasser nützt allen Dingen und wetteifert nicht mit ihnen.»*
>
> **LAO TSE, Kapitel 8**

2) Wenn Menschen von uns abhängig sind, ist deren Wohlergehen Teil unserer Verantwortung – das gilt für Eltern genauso wie für Firmenchefs.

> *«Der Tiger liebt sein Junges.»*
>
> **TSCHUANG TSE**

3) Menschliches Zusammenleben kann nur auf der Basis von Vertrauen gedeihen, weshalb gegebene Zusagen einzuhalten sind.

«Der Weise hält seine Verpflichtungen ein und nimmt andere nicht aus.»

LAO TSE, Kapitel 63, Übersetzung Suzuki

4) Negative Gefühle resultieren immer aus überhöhten Erwartungen – statt Dinge zu erzwingen, ist es besser, mit dem Lauf des Lebens zu gehen.

«Sich wie beiläufig den Ereignissen und der Umwelt anpassen – das ist der Weg des Tao.»

TSCHUANG TSE, Lin Yutang, S. 66

5) Der Weise sorgt sich um sein wahres Wesen, nicht um Status.

«Jagd, Rennen und Hetze verrücken des Menschen Geist; seltene Schätze rauben des Menschen Schlaf.»

LAO TSE, Kapitel 12

6) Man lade sich oder anderen keine unnötigen Verpflichtungen auf, die Abhängigkeiten schaffen und letztlich Freiheit mindern. Das buddhistisch-christliche Motiv, sich für die ganze Welt verantwortlich zu fühlen, wird von Taoisten nicht geteilt.

«Wer leichtfertig ein Versprechen abgibt, wird es oft schwerfinden, es einzuhalten.»

LAO TSE, Kapitel 63

7) Man sei sparsam mit Urteilen, da man kaum je alle Umstände kennen kann.

«Meiner Meinung nach sind die Lehren von Menschlichkeit und Gerechtigkeit und die Wege von Recht und Unrecht

dermaßen verschlungen, dass es unmöglich ist, das, was sie vorbringen, zu erkennen.»

TSCHUANG TSE, Lin Yutang, S. 184

8) Das Universum steht uns völlig gleichgültig gegenüber, dennoch haben wir keinen besseren Anhaltspunkt für die Gesetze des Tao als den Ablauf in der Natur. Die Regeln der Kultur sind dagegen immer relativ.

«Durch das Freisein von Begehren wird Ruhe erzielt, und die Welt gelangt von selbst zu Frieden.»

LAO TSE, Kapitel 37

9) Wir können nichts im Leben kontrollieren als unsere Reaktionen – jedes Festhalten führt zu Angst, Abhängigkeit und Unsicherheit.

«Warum wohl? Weil Ihr das Tao nimmermehr erhalten könnt, wenn Ihr es nicht schon habt. [...] Was man von außen erhält, bleibt nicht im Inneren, und der Weise versucht auch nicht, es festzuhalten.»

TSCHUANG TSE, Lin Yutang, S. 217

10) Das Wertvollste im Leben sind nicht materielle Güter, sondern die Zeit und die Liebe sowie der Seelenfrieden, beides zu genießen.

«Ruhm oder das eigene Leben, welches von beiden liebt man mehr? Das eigene Leben oder materielle Güter, welches von beiden ist mehr wert?»

LAO TSE, Kapitel 44

11) Das größte Geschenk im Leben ist die Zufriedenheit – sie entsteht, wenn das eigene Wesen sich auf natürliche Weise entfalten kann.

«Wer zufrieden ist, ist reich.»

LAO TSE, Kapitel 33

Der perfekte Tag

Als des Menschen ursprünglicher Charakter seine Einheitlichkeit verlor, wurde das Leben der Menschen unglücklich.

TSCHUANG TSE, S. 98

Eine kurze philosophische Analyse wird ergeben, dass alle materiellen und immateriellen Güter dieser Welt bedeutungslos werden, wenn es mir an Seelenfrieden mangelt. Wie viele Menschen waren schon mächtig oder reich oder mit Schönheit gesegnet – und doch verzweifelt!? Der seinerzeit berühmte Milliardär Howard Hughes verbrachte seine letzten Jahre in einem abgedunkelten Hotelzimmer, total verkommen.

Für Taoisten ist daher das wertvollste Gut, das zu erringen in ihrer Macht steht, simpel die ZUFRIEDENHEIT. Sie fällt einem nur in Ausnahmefällen ohne weiteres zu; in der Regel ist sie Ergebnis einer geeigneten Lebensanschauung. Alles andere wie Atem- und Kampfkunsttraining, Meditation und Ähnliches sind Hilfsmittel, um zu verhindern, dass man sehenden Auges in sein Unglück stolpert. Von tragischen Umständen wie Krieg, Naturkatastrophen oder Verlust von nahen Angehörigen abgesehen, gibt es im Leben kaum etwas, das einen *zwingen* kann, unglücklich zu sein. Andersrum kann ich mir aber die goldensten Lebensumstände durch Unzufriedenheit leicht selbst zerstören. Natürlich ist es angenehmer, über Geld zu verfügen, als mittellos zu sein; aber Armut muss nicht *automatisch* zu Unglück führen, genauso wie Kapitalbesitz in keinem direkten

Zusammenhang mit dauerhaftem Glück steht. Wer zu viel Wahl im Leben hat, greift leichter fehl. Wenn schöne Menschen fortlaufend hofiert werden, martern sie sich mit Beziehungsfragen: Wartet noch Besseres auf mich? Kann ich noch mehr Zuneigung erhalten, als ich momentan bekomme? Die Jagd nach dem Spiegelbild wird den mit herausragendem Aussehen gesegneten Menschen bald aus der Seelenruhe werfen; kein Wunder, dass Schönheit bisweilen als Fluch gedeutet wurde.

Den Unterschied zwischen Zufriedenheit und Unzufriedenheit macht eines aus: unsere *Erwartungshaltung*. Und die ist Ergebnis unserer Einstellung, die wiederum geprägt ist vom angeborenen Charakter, von Erziehung und Erfahrungen. Viele psychotherapeutische Behandlungen dürften schon am Umstand gescheitert sein, dass «Leiden am Leben» ein philosophisches Problem ist und mit schlimmen Kindheitserfahrungen nur in Ausnahmefällen etwas zu tun hat. Therapeuten fragen ihre Klienten in der Regel: Was *fühlen* Sie angesichts dieser Situation?

Doch es sind unsere wiederkehrenden Gedanken, die Pein erzeugen …

Unser angeborenes Wesen ist nie der Ursprung unseres Unglücks – es sind unpassende Haltungen, überhöhte Erwartungen, unzutreffende Schlussfolgerungen und daraus resultierende irrationale Emotionen. Abgesehen von Gefahrensituationen, wo unsere Instinkte und Reflexe das Kommando übernehmen, entstehen Gefühle üblicherweise als *Reaktion* auf Situationen beziehungsweise unsere Bewertung selbiger. «Warum parkt der Nachbar schon wieder seinen Kübel vor unserem Haus?» Wer sich beständig solcherart Gedanken hingibt, braucht nicht verwundert zu sein, wenn Ärger hochsteigt. Natürlich ist die Sache in Wirklichkeit komplexer: Emotionen haben eine Vorgeschichte, viele Gefühle wie Neid, Wut, Stolz oder Eitelkeit brauchen eine öffentliche Bühne, andere wie Scham und Ehrfurcht sind anerzogen.

Wer stante pede von der Welt Gerechtigkeit erwartet, wird wieder und wieder enttäuscht werden. Wer sagt: Ich *kann* dich nur lieben, wenn du mich in *gleichem Maße* wiederliebst, wird herbe Enttäuschungen erleben. Wer sein Lebensglück vom Zustand der Welt abhängig macht, kann nicht anders als leiden.

Wer weder sich noch anderen etwas beweisen muss, dem fällt ein Leben in stiller Zufriedenheit nicht so schwer. Das Verlangen nach einem Rattenrennen ist uns nicht angeboren. Mit den Worten des erleuchteten Tschuang Tse:

> *Der vollkommene Mensch nimmt sein Selbst nicht zur Kenntnis, der göttliche Mensch nimmt Leistungen nicht zur Kenntnis, der echte Weise nimmt seinen Leumund nicht zur Kenntnis.*
>
> **Lin Yutang, S. 78**

Wer sein Gehirn mit Ideologie vollgepfropft bekommt, wird sich nicht leicht tun im Leben. Wenn ich philosophische Leitlinien benutze, die auf falschen Annahmen beruhen beziehungsweise die in der Praxis nicht funktionieren, kann nur ein Missverhältnis zwischen Wirklichkeit und Erwartung die Folge sein. Daher ist es für Taoisten von zentraler Wichtigkeit, *alle* Annahmen über das Leben präzise zu überprüfen, immer mit einer *Unzufriedenheit* beginnend. Ehe wir nicht an die Wurzel unseres Unbehagens vorstoßen, bewegen sich Lösungen für Lebensprobleme nur an der Oberfläche – da kann man ebenso gut Stimmungspillen einwerfen.

Eine Frage der Muße

Im fieberhaften Macherwahn, in dem die Welt immer rascher ihre Ressourcen vergeudet und ziellos im Kreise künstlich stimulierter Begierden irrt, muss ein bescheidener, friedvoller und ausgeglichener Mensch wie ein Wesen von einem anderen Stern anmuten. Doch die Diskrepanz war schon zweitausend Jahre vor der industriellen Hektik erkennbar, als Lao Tse daran erinnerte:

Erreiche die äußerste Passivität;
Halte fest an der Grundlage der Ruhe.

Kapitel 16

Das ist keine bloße Attitüde, wie Tschuang Tse erläutert:

Der Weise ist nicht etwa deshalb ruhig, weil er sich sagt: «Es ist gut, ruhig zu sein», und darum beschließt, es zu sein. Er ist vielmehr schon seinem Wesen nach ruhig, weil nichts auf der Welt imstande ist, seinen Seelenfrieden zu stören.

Lin Yutang, S. 143

Und wie gelangt man dorthin?

Durch das Freisein von Begehren wird Ruhe erzielt.

Lao Tse, Kapitel 37

Natürlich ist es nicht empfehlenswert, als Narr durch die Welt zu gehen, mit Wolken bekleidet, sich am Himmelstau labend. Mensch sein bedeutet tätig sein, bedeutet, neugierig zu sein und sich Schwierigkeiten einzuhandeln. Wenn Taoisten Ruhe und Passivität betonen, heißt das keineswegs, die Hände in den Schoß zu legen. Was die Freunde des Tao wollen, ist, von Ärger und Sorgen verschont zu bleiben, seelische Energieverluste zu vermeiden. Einem protestantisch erzogenen Menschen, dem von Kindesbeinen an eingeflüstert wird, harte Arbeit sei gottgefällig, wird jeder Taoist als Ausbund an Faulheit erscheinen. Das müssen wir gelassen hinnehmen, wollen wir frohen Herzens die Schaffer- und Raffermentalität hinter uns lassen.

Um Verschleiß zu minimieren, empfiehlt es sich, beizeiten zu wittern, wann und wo sich die Dinge stauen. Darum rät Lao Tse im 63. Kapitel, nachdem er vor dem Irrtum weitreichender Pläne gewarnt hat:

Erledige das Schwierige, solange es noch leicht ist.

Gesichtswäsche im Büro, 12-Stunden-Arbeitstage, vor lauter Stress in einer Bar abzusacken, um sich dort in Bewusstlosigkeit zu saufen, schmeckt Taoisten ganz und gar nicht. Weshalb sollte man tagaus, tagein herumhetzen, sich im Beruf und der Freizeit abstrampeln, als wäre man auf der Flucht? Leistung um der Leistung willen ist eine kulturelle Verirrung, die es zu meiden gilt.

Daher erinnert uns Tschuang Tse:

Wenn der Leib ständig in Bewegung gehalten wird, wird er müde. Wenn der Geist ständig überarbeitet wird, wird er sorgenvoll; und Sorgen verursachen Erschöpfung.

Lin Yutang, S. 85

Gibt es irgendwo ein Tier, das rund um die Uhr aktiv ist? Zugegeben, durch unseren Verstand, der so viel Vitalkraft an sich bindet, sind wir aktiver als jedes Tier. Dennoch kann sich auch unser Geist überhitzen, wie ein Motor, der ständig auf Höchstleistung getrieben wird. Da wir uns vorsätzlich nach neuen Eindrücken umschauen, kann es leicht zu einer mentalen Überlastung kommen. Ergo empfiehlt Lao Tse eine Wahrnehmungsaskese, die sowohl den Intellekt als auch den Gefühlskörper umfasst:

Die fünf Farben blenden des Menschen Auge;
Die fünf Töne ertauben des Menschen Ohr;
Die fünf Würzen stumpfen des Menschen Geschmack;
Jagd, Rennen und Hetze verrücken des Menschen Geist.

Kapitel 12

Taoisten sind aus gutem Grund «faul». Im Laufe des Tages erleidet der Körper immer wieder kleine Verletzungen, die der Reparatur bedürfen; desgleichen widerfahren uns immer wieder Beleidigungen oder Widerstand oder Kritik – ohne bewusst vorgenommenen Emotionsabbau stauen sich diverse Gefühle an und vermindern unseren Freiraum für ein spontanes, natürliches Leben. Tschuang Tse: «Der Grund, weshalb wir uns in einem weiten Wald wohlfühlen, ist der, dass unsere Gefühle sonst meist verkrampft sind.»

Ähnlich führt eine Überlastung des Gehirns zu einer nervlichen Überreizung. Nichtstun ist für unsere überlasteten Systeme ein wahres Labsal; leider ist es angespannten Nerven nicht so ohne weiteres möglich, zur Ruhe zu kommen.

Wie kommen wir eigentlich dazu, uns das Effizienzdenken der industriellen Produktion als Lebensleitlinie anzueignen? Es gibt doch keinen Grund, sein Leben nach den Prinzipien einer Fabrik auszurichten. Die Idee, jede freie Minute müsse mit nützlicher Aktivität ausgefüllt sein, entstammt einer Haltung, die unserer ursprünglichen Lebensfreude massiv zuwider ist. Ganz im Sinne des Dichters Baudelaire, der einmal feststellte: «Eine nützliche Person zu sein schien mir immer als etwas furchtbar Schreckliches.»

Warum sollte mein Lebenszweck darin bestehen, anderen Vorteile zu verschaffen? «Jeder schämt sich, in der Öffentlichkeit zuzugeben, er sei nutzlos», kritisierte W.H. Auden. Darum geben sich Dichter lieber als Schullehrer oder Bienenzüchter aus, «da die Wahrheit ein ungläubiges und peinliches Schweigen hervorrufen würde» (*Poets at Work*).

Eine leidenschaftliche Liebe zur Sprache wird als Abweichung angesehen, nicht als akzeptable Berufung. Doch was wird aus einem Geist, der ein Leben lang hauptsächlich Zahlenkolonnen addiert oder Formulare ausfüllt oder von einer Party zur anderen eilt? Er wird trüb …

Tschuang Tse:

Das Wesen des Wassers ist, dass es klar wird, wenn es in Ruhe gelassen wird, und still, wenn es ungestört ist.

Lin Yutang, S. 85

Daher meiden Anhänger des Tao alles Künstliche, Unnötige, Aufgebrachte, Aufreibende, Erzwungene, so gut es geht. Das erklärt auch die Abneigung, sich in andere Leben einzumischen – und sich im Gegenzug nicht der ständigen lauernden Beurteilung von anderen auszusetzen. Alles, was Erschöpfung, Kummer und Sorge verursachen könnte, wird nach Möglichkeit umgangen. Doch unsere verwirrte Zeit schätzt nicht einmal mehr die Nachtruhe, will nicht einmal mehr dem fieberkranken Körper eine Auszeit gönnen … ein übererregter Tanz, der eines Tages in sein Gegenteil umschlagen wird.

Dagegen lautet die Medizin des großen Tschuang Tse:

Ruhe ist ein Mittel zur Wiederherstellung eines Kranken. Die Augen reiben ist beruhigend für einen alten Mann, Stille vermag einen Menschen von seiner Nervosität zu heilen. Alle Dinge, deretwegen der Geschäftige betriebsam ist, werden von einem Menschen, der die Muße pflegt, beiseitegelassen. […]
Ausruhen heißt passiv sein, passiv sein heißt Kraftreserven haben, und Kraftreserven bedeuten Ordnung. Passivität bedeutet Ruhe, und wenn die Ruhe wieder zur Tätigkeit wird, ist jede Tätigkeit richtig.

Lin Yutang, S. 86 u. 143

Es geht hier also keineswegs um Nichtstun, sondern um sinn- und zweckvolle Handlungen. Wer sich innerlich von künstlichen sozialen Maßstäben freimacht, dem verspricht Tschuang Tse:

Untätigkeit bedeutet mit sich selbst in Frieden sein, und wenn einer mit sich selbst in Frieden ist, können ihm

Kummer und Sorge nichts anhaben, und er hat ein langes Leben.

Lin Yutang, S. 143

Eine Frage der Haltung

Die Philosophen des Altertums in Ost und West verbrachten viel Zeit mit der Frage, welche innere Haltung am ehesten dazu taugt, *dauerhaften Seelenfrieden* zu ermöglichen. Die fünf Tugenden der Taoisten sind:

- Sich für das, was einem objektiv guttut, zu entscheiden.
- Toleranz anstreben, weil anhaltender Ärger einem das Leben versaut.
- Zufriedenheit – den jeweiligen Tag gut zu leben ist gut genug.
- Eine gelöste Haltung: Wahre Freiheit verlangt, dass wir uns nicht an Dinge oder Ideen klammern.
- Bescheidenheit, da Gier, Arroganz und Eitelkeit permanente Unruhe verursachen und die Welt zerstören.

Was also macht den perfekten Tag aus?

Nun, das liegt an Ihnen. Wenn Sie eine Vorliebe für Zen haben, dann können Sie den «perfekten Tag» als eine Art Kōan nehmen. Oder sich, in einer anderen Formulierung, ehrlich fragen: *Was ist mein Herzenswunsch?*

Eine Routine zu haben ist eine starke Medizin gegen Unzufriedenheit, selbst wenn einem gewisse Wünsche versagt bleiben. Der große Philosoph Arthur Schopenhauer litt zeit seines Lebens unter mangelnder Anerkennung, fehlender Freundschaft und Liebe. Hätte er seinen Gedanken gestattet, fortwährend nur um den empfundenen

«Mangel» zu kreisen, wäre jeder Tag dahin gewesen, das Leben wäre nur im Rausch zu ertragen gewesen. Stattdessen entschied sich Schopenhauer, wie auch der große Kant, für eine strikte Tagesroutine, in der alles, was ihm behagte, regelmäßig zum Zuge kam: Die Morgenzeit gehörte dem Schreiben; danach spielte er eine Stunde lang zur Entspannung auf der Flöte, ehe er den Englischen Hof (in Frankfurt) zum Mittagsmahl aufsuchte. Nach dem Essen, das er allein einnahm, war er allenfalls zu einem kleinen Schwätzchen bei einer Tasse Kaffee aufgelegt. Zur Verdauung zog er sich in eine Bibliothek zurück, um mit Hilfe einer Tageszeitung über die Welt auf dem Laufenden zu bleiben. Am Nachmittag dann ein Verdauungsspaziergang mit seinem Hund den Main entlang. Damit ihm die Decke nicht auf den Kopf fiel, besuchte er allabendlich ein Theater oder die Oper ... So hielt sich der grantige alte Mann seelisch gut über Wasser, bis ihm spät im Leben die so vermisste Anerkennung (und sogar Aufmerksamkeit von Frauen) zukam und er gelassenen Herzens sterben konnte.

Die Routine des perfekten Tages ist mehr als ein psychologischer Trick zur Ablenkung von unliebsamen Lebensumständen: Es ist ein Bekenntnis, dass es eigentlich nichts Besseres gibt als Seelenfrieden, eins zu sein mit sich und der Welt. Zufriedenheit erreicht jeder Mensch auf eigene Weise, weshalb es bei Taoisten keine Lebensvorschriften gibt und sozialpolitisch motivierte Eingriffe ins Privatleben höchst unerwünscht sind. Taoisten haben kein Problem mit den *angeborenen* Eigenheiten eines Charakters, und mögen sie noch so exzentrisch sein; diese Toleranz gilt allerdings nicht für neurotisches Verhalten – von gestressten, chaotisch verwirrten, verkorksten und unberechenbaren Menschen halten sie sich fern.

Ein perfekter Tag könnte so aussehen:

> *Zum Sonnenaufgang schlürfe ich meinen Morgentee in stiller Meditation.*

Ich wecke den Geist meines Körpers mittels Yoga-Dehnungsübungen.
Nach weiterer stiller Meditation nähre ich meinen Körper mit natürlichen Produkten; exotische Früchte sind nicht notwendig. Alles, was du brauchst, wächst in deiner Umgebung.
Während ich mich an der Überfülle der Natur labe, entspanne ich mich durch Lesen alter Texte.
Mit klarem Körper und Geist begebe ich mich an meine Arbeit oder vergnüge mich. Nützliche Arbeit braucht nicht monoton zu sein. Was immer deine Berufung ist, konzentriere dich voll auf sie. Ich mache Arbeitspausen, um nichts zu tun.
Wenn die Arbeit erledigt ist, denke ich an diesem Tag nicht länger an sie; sie wird auch das nächste Mal wieder für mich da sein.
Jeden Tag finde ich Zeit, meinen Körper durch Kampfsport zu trainieren. Yoga für die Seele. Bücher für den Geist. Kampfsport für den Körper.
Abends bin ich zu Hause, ohne Verlangen nach Reisen. Ich nehme ein einfaches Mahl zu mir und lebe nicht extravagant.

RAYMOND LAROSE, Siji Tzu

Also:

Jedes menschliche Leben ist *eigentümlich.*

Als Babys waren wir alle gleich, in Palästen wie in schlammigen Hütten.

Dann schuf die Kultur ein Oben, damit automatisch ein Unten: Muss ich in meinem Herzen diese Trennung mittragen?

Was auf uns zukommt, kommt ungefragt.

Was wir erhalten, gehört uns letztlich nicht.

Das «Tao nehmen» bedeutet, auf sein Inneres zu hören.

Deshalb soll mich niemand von meinem Wesen abbringen.

Unbekümmerten Herzens sich jederzeit auf sich selbst verlassen können.

Der Fluss des Lebens ist klar; nur der Beobachter bringt schmutzige Schuhe hinzu.

Alex Anatole:

> *Lebe jeden Tag, so gut du kannst. [...] Entwickle eine klare Vision von der Wirklichkeit. Umarme die Einheit von Geist und Körper. Umgib dich mit den wenigen, die deine Werte teilen. Genieße jede kostbare Minute auf diesem Planeten. Und schütze dich so gut wie möglich vor dem Chaos des Lebens.*

Schlussbetrachtung

In diese Menschengestalt gegossen worden zu sein ist für uns schon an sich eine Quelle der Freude.

TSCHUANG TSE

Wessen *innere Haltung* mit der Wirklichkeit übereinstimmt, erfährt weniger Reibung im Leben. Tiere machen keine Fehler – sie hören auf die Stimme ihrer Natur und sind zufrieden mit ihrer Existenz. Als wir in grauen Vorzeiten noch unseren Instinkten folgten, gingen wir nicht in die Irre.

Das britische Umweltmagazin «Ecologist» stellte in einem Essay-Wettbewerb einmal die Frage: Was ist unsere schlimmste Erfindung? Der Siegertext wartete mit einer radikalen These auf: Nicht die Atombombe oder das Automobil ist jene Erfindung mit den übelsten Nebenwirkungen, sondern der Ackerbau … Kriege, Armut, Verbrechen, Seuchen, Überbevölkerung, Hunger sind alles Folgen der Landwirtschaft. Unsere vorherrschende Weltanschauung ist ganz anderer Meinung, aber Tatsache ist, dass sowohl die Zivilisationskrankheiten als auch die extremen sozialen Unterschiede direkt oder indirekt aus der Sesshaftigkeit und der Vorratshaltung stammen.

Und in der Tat führte nach Erkenntnissen der Paläopathologie die «landwirtschaftliche Revolution» im Neolithikum zu einer erhöhten Säuglingssterblichkeit, einer Zunahme von Infektionskrankheiten sowie zu einer deutlich niedrigeren Lebenserwartung und einer verringerten Körpergröße.

Von Natur aus waren wir Menschenkinder nicht weniger gesund als die Tiere, die kaum ernsthafte Krankheiten kennen. Mit der Vorratshaltung und immer größeren Landnahme entstanden gleichzeitig große Unterschiede zwischen den Menschen, die keineswegs wünschenswert sind. Zwar sind nach taoistischer Anschauung Menschen von Geburt an nicht alle gleich stark, begabt und mit hoher Lebenskraft ausgestattet; aber diese Unterschiede sollten nicht in gesellschaftlichen Strukturen mumifiziert werden (etwa der Unfug, dass ein von fernen Vorfahren unter den Nagel gerissenes Land rechtmäßig weitervererbt werden könne – in einer taoistischen Gemeinschaft gehören die Natur- und Bodenschätze der ortsansässigen Gemeinschaft; Individuen können Land leihen, aber nicht auf alle Ewigkeiten besitzen).

Interessanterweise regt sich jetzt allmählich auch unter Wissenschaftlern Widerstand gegen die verordnete Weltsicht, wonach Landwirtschaft, Sesshaftigkeit und Städtebau den größten Fortschritt seit der nomadischen Lebensweise darstellen. Forscher vom Zentrum für Klimaveränderung an der Universität East Anglia sind zu dem Schluss gekommen, dass die Zivilisation ein *zufälliges Nebenprodukt* war, als sich vor rund sechstausend Jahren die Menschen aufgrund massiver klimatischer Veränderungen zusammenzudrängen begannen. Forschungsleiter Dr. Nick Brooks verneint damit die bis dato gültige Annahme, vorteilhafte Umweltbedingungen in Mesopotamien hätten die Menschen dazu animiert, ihre nomadische Lebensweise zugunsten von Ackerbau und Viehzucht aufzugeben. Noch radikaler stellt Brooks die herkömmliche Überzeugung in Frage, wonach die Zivilisation als «Fortschritt» zu bewerten sei. Für die meisten Menschen, sagt er, war der Umzug in die Stadt mit einem härteren Leben verbunden, mit einem Verlust an persönlicher Freiheit, mit größeren Gefahren, in einen Krieg hineinzugeraten, und mit mehr Ungleichheit unter autokratischen Regierungen: «Die Menschen fanden sich unter der Willkür einer selbsternannten Elite, die religiöse Autorität und politische Ideologie dazu benutzte, um ihre Stellung zu festigen.

Im Grunde haben wir diese Regierungsstruktur immer noch.» Das klingt geradezu, als wäre der Wissenschaftler von Tschuang Tse heimgesucht worden.

Das menschliche Leben wurde mit wachsender Gemeinschaft zunehmend komplexer – es entstanden Regeln und Riten des Zusammenlebens, ethische Systeme, soziale Forderungen, zentralisierte Macht und Reichtum. Wir halten dies nur deshalb für einen Fortschritt, da ein weitverbreitetes und von den Kirchen genährtes Vorurteil besagt, im menschlichen Urzustand hätte nacktes Faustrecht regiert. Diese Phantasie stammt von exakt denselben Denkern, die Naturvölker als «barbarisch» und Tiere als «grausam» bezeichneten und davon ausgingen, die europäische Großstadt und ihre Kultur sei das Maß menschlicher Exzellenz. Wir dünken uns weit erhaben, unendlich über unseren «primitiven» Vorfahren stehend, durch und durch kultiviert. Doch unsere Gesellschaft wird nicht viel anders regiert – von einem Mischmach aus absoluten Ansprüchen (z. B. Menschenrechten und Steuerpflicht für jeden), versetzt mit der jeweils vorherrschenden Ideologie (harte Arbeit ist moralisch gut, Dauerkonsum eine Bürgerpflicht). Recht und Politik fußen nicht auf höheren Einsichten, sondern sind durchtränkt von interessengesteuerten Weltanschauungen. Für taoistisch Denkende sind diese Erscheinungsformen in jedem Fall willkürlich.

Je aufwendiger und komplexer solche Forderungen werden, je subtiler vorgetragen und subkutaner durchgesetzt, umso schwerer ist ihre manipulative Natur zu erkennen. Wie gesagt: Wir besitzen in unseren Instinkten das perfekte Wissen, wie ein Leben in Zufriedenheit zu gestalten wäre – wenn man uns bloß ließe.

Die unersättliche menschliche Neugier treibt uns voran, oft in Sackgassen hinein, immer dabei Ratlosigkeit, Unsicherheit und Verwirrung erzeugend. Allzu oft wird fieberhafte Tätigkeit als Ausweg aus der Sinnkrise gewählt. Anhänger des Tao haben hier, wie so häufig, eine grundlegend andere Anschauung, deutlich dargelegt vom großen Tschuang Tse:

Ich betrachte Untätigkeit als das wahre Glück, während die Welt sie als großes Unglück ansieht. Es ist gesagt worden: «Vollkommenes Glück ist das Nichtvorhandensein des [Strebens nach] Glück.»

Lin Yutang, S. 177

Eine Lebensbetrachtung, die im arbeitswütigen Westen heute Seltenheitswert hat. Der britische Literat Samuel Johnson (1709–1784) schrieb in der Zeitschrift «The Idler» (Der Müßiggänger), der einzige Wert der Arbeit bestehe darin, Freizeit zu ermöglichen – und die höchste Berufung, so wenig wie möglich zu tun. Wie taoistisch! Dass sich indes die harsche protestantische Arbeitsethik durchgesetzt hat, ist nicht zu übersehen.

Wie nun weiter? Gegen übermächtige Verhältnisse zu kämpfen macht wenig Sinn, sich zu unterwerfen seelisch krank. Daher streben Taoisten nach Möglichkeit ein selbstbestimmtes Leben an:

Von jemandem abzuhängen, der mir das Wasser bringt, ist nicht so gut, wie selbst einen Brunnen zu graben.

Huainan Tse

Daher sind ihnen kollektive Anforderungen, die über das natürliche Maß an wechselseitiger Hilfe hinausgehen, zuwider. In amerikanischen Erfolgsratgebern wird Angestellten im Verkaufswesen oft empfohlen, mehr Leistung zu erbringen, als von ihnen gefordert wird. Nun ist das Management ja nicht blöd und legt von sich aus regelmäßig die Latte höher und höher. Was bricht zuerst zusammen – der Kreislauf oder das falsche Weltbild?

Das Leben – ein Stafettelauf

Kannst du Ruhe bewahren, während das schlammige Wasser sich klärt?

Um Optimisten von Pessimisten zu scheiden, wird gern die Frage gestellt: Ist das Glas halb voll oder halb leer? Abgesehen davon, dass es den Zustand «halb leer» eigentlich nicht gibt, ist das ein typischer Versuch, einen Standpunkt *unabhängig* vom Kontext einzunehmen. Der Umstand, dass ein Glas in der oberen Hälfte leer und in der unteren gefüllt ist, sagt nichts darüber aus, wie er *zustande gekommen* ist: War das Glas zuvor voll und ist es gerade dabei, ausgetrunken zu werden? Oder war es leer und ist auf dem Weg, angefüllt zu werden? Das ist wichtiger als die Beobachtung, dass es im Moment zufällig halb voll ist.

Für Optimisten ist Fülle der Idealzustand, aber ein volles Glas kann nicht weiter angefüllt werden. Wenn ein Glas voll ist, hat es den Nutzen, ausgetrunken werden zu können; wenn es leer ist, besteht der Nutzen darin, es wieder anfüllen zu können. Weder leer noch voll sind für sich genommen besser oder schlechter – die Nützlichkeit des jeweiligen Zustands hängt von den Umständen ab.

Unter dem Einfluss der dominanten amerikanischen Ideologie verhalten wir uns heute so, als gäbe es «ewiges Wachstum» (in der Wirtschaft, in unserer Erkenntnisfähigkeit, im Konsum …). Wenn Zellen nicht aufhören zu wachsen, haben wir ein Krebsgeschwür, anhaltender Sonnenschein verbrennt die Erde, fortgesetztes Essen lässt uns verfetten.

Tschuang Tse beschreibt den unaufhaltsamen Kreislauf anschaulich:

Friede und Chaos folgen einander, Glück erzeugt Unglück und Unglück Glück. […] Wenn etwas seine Grenzen erreicht hat, kehrt es die Richtung um; wenn das Ende erreicht ist, beginnt der Anfang.

Lin Yutang, S. 112 f.

Einem Besucher vom Mars würden sich wohl die Fühler vor Verwunderung kringeln: Wenn die Menschen schon so häufig erfahren haben, dass der Kauf von Dingen keineswegs zu einem anhaltenden Glückszustand führt, warum wiederholen sie den Fehler wieder und wieder und wieder? Lautet nicht eine Definition von «Wahnsinn»: etwas wiederholt zu tun und dabei ein anderes Ergebnis zu erwarten? Wenn einer fortlaufend mit dem Kopf gegen die Mauer rennt, in der Hoffnung, damit die Stimmen hinter seiner Stirn abstellen zu können, sperren wir ihn in ein Irrenhaus. Wer hingegen dem Glück durch Dauerkonsum vergeblich nachläuft, erhält die goldene Verbrauchermedaille mit begünstigten Kreditkonditionen.

Je natürlicher man lebt, umso einfacher wird das Leben. Wenn man einmal erkennt, wie wir unser Leben durch selbstgeschaffene Wünsche und Begierden verkomplizieren, ist der Schritt nicht mehr so weit, das Unechte abfallen zu lassen. Weltverbesserer gab es schon vor dreitausend Jahren; das Einzige, das heute anders ist, ist die ungeheure Mannigfaltigkeit, mit der Einfluss ausgeübt werden kann, ohne dass es nach außen hin wie Willkür erscheint.

Das Leben ist zu kurz und zu mühsam, um andere von ihren «Irrtümern» überzeugen zu wollen. Erfolgversprechender ist es, eine Nische zu finden und ein Leben in Zufriedenheit zu verbringen, indem man auf seine unverstellte innere Stimme hört.

Die überwiegende Mehrheit der Menschen wird mit dem Potenzial zur Zufriedenheit geboren; dass nur eine verhältnismäßig kleine Anzahl dieses noble Ziel erreicht, hat damit zu tun, dass unsere Lebensgemeinschaft andere Werte vorgibt.

Letztlich sind Taoisten große Pragmatiker: Sie wissen, was sie wollen (ein Leben in Zufriedenheit führen), und sie kennen den Weg. Es ist ihnen gleichfalls bewusst, dass nicht viele Mitmenschen diesen

Pfad beschreiten werden, dass also nie eine allgemeine Anerkennung zu erwarten ist. Wenn das klar ist, besteht kein Grund, warum nicht zeitgenössische Taoisten unter Zuhilfenahme moderner Technik einander finden und unterstützen sollten. Möge dieses Buch einen Anstoß dazu geben.

PS
Ein letzter Tipp: Nennen Sie sich um Himmels willen niemals «Taoist» … ;=))

Anhang

Quellen

Anatole, Alex: The Truth of Tao, 2005 (Weston, Massachusetts)
Brant, Rosemary (Herausgeberin): The Tao of the Huainan Masters, 2005 (Hod Hasharon, Israel)
Cleary, Thomas: Die Drei Schätze des Dao, Frankfurt a. M. 1996
Crane, Sam: Aidan's Way: The Story of a Boy's Life and a Father's Journey, 2004 (Sourcebooks)
Dillon, Paul: Liuhebafa Five Character Secrets, 2003 (Boston)
Frantzis, Bruce Kumar: Relaxing Into Your Being, 1998
–: The Great Stillness, 1999
–: Opening the Energy Gates of Your Body, 1993
Gao, Xingjian: Soul Mountain, 1990 (London)
Graham, AC (Übersetzer): Chuang-Tzu: The Inner Chapters, 1981 (London)
Jou, Tsung Hwa: The Tao of Meditation, 1983 (Taiwan)
Kohn, Livia: Living with the Dao: Conceptional Issues in Daoist Practice, 2001 (eBook)
Man-jan Cheng: Lao-Tzu: «My words are easy to understand», 1981
Miller, James: Daoism – a short introduction, 2003 (Oxford)
Mitchell, Stephen; Tao Te Ching: The Book of the Way, 2000
Anmerkung: Zitate englischer Originaltexte wurden vom Autor übersetzt
Moeller, Hans-Georg: In der Mitte des Kreises: Daoistisches Denken, 2001 (Frankfurt a. M.)

Roussell, Erwin: Lau-Dsis Weg, 1973 (München)
Schwarz, Ernst: So sprach der Meister, 1998 (Augsburg)
Trungpa, Chögyam: Shambala: The Secret Path of the Warrior, 1995 (Boston / London)
Wilhelm, Richard: I Ching, 1973 / 1986 (Köln)
–: Liä Dsi: Das wahre Buch vom quellenden Urgrund, 1974 (Düsseldorf / Köln)
Yutang, Lin: Die Weisheit des Laotse, 1955 / 1989 (Frankfurt a. M.)